Textausgabe

- Arbeitszeitgesetz
- Erziehungsgeldgesetz
- Jugendarbeitsschutzgesetz
- Mutterschutzgesetz
- Beschäftigtenschutzgesetz
- Bürgerliches Gesetzbuch (Auszug)
- Arbeitsgerichtsgesetz (Auszug)
- Ladenschlussgesetz
- Verordnung über den Verkauf bestimmter Waren an Sonn- und Feiertagen
- Arbeitsstättenverordnung

**Die neuen
aushangpflichtigen Gesetze**

FACHKOMPETENZ
IM DIENSTE
DER MÄRKTE

Die Deutsche Bibliothek – CIP-Einheitsaufnahme

Arbeitszeitgesetz. Erziehungsgeldgesetz [u.a.]. Die neuen aus-
hangpflichtigen Gesetze; Textausgabe. – 6., durchges. Aufl. –
Mering : Forum-Verl. Herkert, 2001
Einheitssacht. des beigef. Werkes: Bundeserziehungsgeldgesetz
ISBN 3-89827-186-2

© by

FORUM VERLAG
HERKERT GMBH
Postfach 13 40
86408 Mering

Tel.: 0 82 33/38 11 23
Fax: 0 82 33/38 12 22
E-Mail: service@forum-verlag.com
Internet: http://www.forum-verlag.com

Satz: Fotosatz Hartmann, 86441 Zusmarshausen
Druck: Druckerei Kessler, 86399 Bobingen
Printed in Germany 2001
Angaben ohne Gewähr
6., durchges. Auflage
ISBN 3-89827-375-X

Vorwort

Eine Vielzahl von rechtlichen Bestimmungen verpflichten den Arbeitgeber zur Bekanntgabe bestimmter Gesetze, Verordnungen, einzelner Regelungen und Mitteilungen. Diese ergeben sich insbesondere aus dem Arbeitsrecht und dem Arbeitsschutzrecht.

Gegenstand des vorliegenden Bandes sind deshalb Vorschriften aus den Bereichen Arbeitszeit, Gleichbehandlung und Schutz bestimmter Arbeitnehmergruppen.

Wir haben uns bei der Auswahl der Vorschriften vorrangig auf solche beschränkt, die von nahezu allen Betrieben und Dienststellen in geeigneter Form betriebsöffentlich gemacht werden müssen oder von besonderer Wichtigkeit sind. Dabei haben wir bewusst auch solche Vorschriften in diesem Band zusammengetragen, die nicht aushangpflichtig sind oder nur Bestimmungen enthalten, die zur Bekanntgabe einzelner Hinweise verpflichten. Dies gilt insbesondere für das Bundeserziehungsgeldgesetz und die Arbeitsstättenverordnung.

Wir möchten darauf hinweisen, dass neben den ebenfalls in allen Betrieben auszuhängenden Unfallverhütungsvorschriften der jeweiligen Berufsgenossenschaft für bestimmte Branchen noch weitere gesetzliche Vorschriften ausgehängt werden müssen, so z. B. die Verordnung über den Schutz vor Schäden durch Röntgenstrahlen, die Verordnung über Arbeiten in Druckluft, die Gefahrstoffverordnung, die Schankanlagenverordnung, die Verordnung über Sicherheit und Gesundheitsschutz auf Baustellen, die Verordnung über brennbare Flüssigkeiten und anderes mehr. Falls Ihr Unternehmen zu einer Spezialbranche gehört, empfehlen wir, sich bei der Gewerbeaufsicht über die für Sie geltenden Aushängepflichten zu informieren.

Die Form der betrieblichen Bekanntmachung ist auf unterschiedliche Weise vorstellbar. Naheliegend ist der Aushang am „Schwarzen Brett". Auch ein anderer allgemein zugänglicher und von jedem Arbeitnehmer frequentierter Ort, wie z.B. die Stechuhr, kann für die Auslage oder den Aushang in Frage kommen. Da einzelne Vorschriften die Art der Bekanntmachung vorgeben, ist bei jeder gesetzlichen Bestimmung ein Blick auf die entsprechende Regelung anzuraten. Insofern die Bekanntmachungen lediglich zur Einsichtnahme bereitgehalten werden, ist am üblichen Bekanntmachungsort im Betrieb ein Hinweis auf die Aufbewahrungsstelle sowie den Inhalt der Bekanntmachung notwendig. Besonders praktisch für den Aushang erweist sich bei der vorliegenden Textsammlung die Lochung am linken oberen Rand.

Es liegt nahe, dass sich die vorgeschriebenen Bekanntmachungen nicht allein in einem gut lesbaren Zustand befinden müssen, sondern auch in diesem Zustand zu erhalten sind. Unleserliche oder sogar verschwundene Aushänge oder Auslagen sind also baldmöglichst durch neuwertige in einwandfreiem Zustand zu ersetzen. Darüber hinaus wird der Arbeitgeber angehalten, stets die aktuellen Fassungen der aushangpflichtigen Vorschriften bereitzustellen. Die genaue Beobachtung der Tätigkeit des Gesetzgebers in diesem Bereich wird dem Arbeitgeber daher empfohlen.

Die Erfüllung der Aushangpflicht wird von den Gewerbeaufsichtsämtern überprüft. Eine Verletzung dieser Pflicht – auch in Unkenntnis – stellt eine Fahrlässigkeit dar, die gewöhnlich als Ordnungswidrigkeit mit einer Geldbuße (im Falle des Arbeitszeitgesetzes zum Beispiel bis zu 2.500,– EURO) geahndet werden kann.

Der Verlag
Merching, im Dezember 2001

Inhalt

Arbeitszeitgesetz

Inhalt

Erziehungsgeldgesetz

Jugendarbeitsschutzgesetz

Inhalt

Inhalt

Mutterschutzgesetz

4

Inhalt

Gesetz zum Schutz der Beschäftigten vor sexueller Belästigung am Arbeitsplatz (Beschäftigtenschutzgesetz)

Bürgerliches Gesetzbuch (Auszüge)

Arbeitsgerichtsgesetz (Auszug)

Gesetz über den Ladenschluss

Inhalt

Arbeitsstättenverordnung (ArbStättV)

Inhalt

8

Arbeitszeitgesetz

(ArbZG)

Vom 6. Juni 1994

Fundstelle: BGBl. I 1994, S. 1170, 1171
Zuletzt geändert durch Gesetz vom 21. Dezember 2000
(BGBl. I S. 1983)

Erster Abschnitt
Allgemeine Vorschriften

§ 1 Zweck des Gesetzes

Zweck des Gesetzes ist es,
1. die Sicherheit und den Gesundheitsschutz der Arbeitnehmer bei der Arbeitszeitgestaltung zu gewährleisten und die Rahmenbedingungen für flexible Arbeitszeiten zu verbessern sowie
2. den Sonntag und die staatlich anerkannten Feiertage als Tage der Arbeitsruhe und der seelischen Erhebung der Arbeitnehmer zu schützen.

§ 2 Begriffsbestimmungen

(1) Arbeitszeit im Sinne dieses Gesetzes ist die Zeit vom Beginn bis zum Ende der Arbeit ohne die Ruhepausen; Arbeitszeiten bei mehreren Arbeitgebern sind zusammenzurechnen. Im Bergbau unter Tage zählen die Ruhepausen zur Arbeitszeit.

(2) Arbeitnehmer im Sinne dieses Gesetzes sind Arbeiter und Angestellte sowie die zu ihrer Berufsbildung Beschäftigten.

(3) Nachtzeit im Sinne dieses Gesetzes ist die Zeit von 23 bis 6 Uhr, in Bäckereien und Konditoreien von 22 bis 5 Uhr.

(4) Nachtarbeit im Sinne dieses Gesetzes ist jede Arbeit, die mehr als zwei Stunden der Nachtzeit umfaßt.

(5) Nachtarbeitnehmer im Sinne dieses Gesetzes sind Arbeitnehmer, die
1. auf Grund ihrer Arbeitszeitgestaltung normalerweise Nachtarbeit in Wechselschicht zu leisten haben oder
2. Nachtarbeit an mindestens 48 Tagen im Kalenderjahr leisten.

Zweiter Abschnitt
Werktägliche Arbeitszeit und arbeitsfreie Zeiten

§ 3 Arbeitszeit der Arbeitnehmer

Die werktägliche Arbeitszeit der Arbeitnehmer darf acht Stunden nicht überschreiten. Sie kann auf bis zu zehn Stunden nur verlängert werden, wenn innerhalb von sechs Kalendermonaten oder innerhalb von 24 Wochen im Durchschnitt acht Stunden werktäglich nicht überschritten werden.

§ 4 Ruhepausen

Die Arbeit ist durch im voraus feststehende Ruhepausen von mindestens 30 Minuten bei einer Arbeitszeit von mehr als sechs bis zu neun Stunden und 45 Minuten bei einer Arbeitszeit von mehr als neun Stunden insgesamt zu unterbrechen. Die Ruhepausen nach Satz 1 können in Zeitabschnitte von jeweils mindestens 15 Minuten aufgeteilt werden. Länger als sechs Stunden hintereinander dürfen Arbeitnehmer nicht ohne Ruhepause beschäftigt werden.

§ 5 Ruhezeit

(1) Die Arbeitnehmer müssen nach Beendigung der täglichen Arbeitszeit eine ununterbrochene Ruhezeit von mindestens elf Stunden haben.

(2) Die Dauer der Ruhezeit des Absatzes 1 kann in Krankenhäusern und anderen Einrichtungen zur Behandlung, Pflege und Betreuung von Personen, in Gaststätten und anderen Einrichtungen zur Bewirtung und Beherbergung, in Verkehrsbetrieben, beim Rundfunk sowie in der Landwirtschaft und in der Tierhaltung um bis zu eine Stunde verkürzt werden, wenn jede Verkürzung der Ruhezeit innerhalb eines Kalendermonats oder innerhalb von vier Wochen durch Verlängerung einer anderen Ruhezeit auf mindestens zwölf Stunden ausgeglichen wird.

(3) Abweichend von Absatz 1 können in Krankenhäusern und anderen Einrichtungen zur Behandlung, Pflege und Betreuung von Personen Kürzungen der Ruhezeit durch Inanspruchnahmen während des Bereitschaftsdienstes oder der Rufbereitschaft, die nicht mehr als die Hälfte der Ruhezeit betragen, zu anderen Zeiten ausgeglichen werden.

(4) Soweit Vorschriften der Europäischen Gemeinschaften für Kraftfahrer und Beifahrer geringere Mindestruhezeiten zulassen, gelten abweichend von Absatz 1 diese Vorschriften.

§ 6 Nacht- und Schichtarbeit

(1) Die Arbeitszeit der Nacht- und Schichtarbeitnehmer ist nach den gesicherten arbeitswissenschaftlichen Erkenntnissen über die menschengerechte Gestaltung der Arbeit festzulegen.

(2) Die werktägliche Arbeitszeit der Nachtarbeitnehmer darf acht Stunden nicht überschreiten. Sie kann auf bis zu zehn Stunden nur verlängert werden, wenn abweichend von § 3 innerhalb von einem Kalendermonat oder innerhalb von vier Wochen im Durchschnitt acht Stunden werktäglich nicht überschritten werden. Für Zeiträume, in denen Nachtarbeitnehmer im Sinne des § 2 Abs. 5 Nr. 2 nicht zur Nachtarbeit herangezogen werden, findet § 3 Satz 2 Anwendung.

(3) Nachtarbeitnehmer sind berechtigt, sich vor Beginn der Beschäftigung und danach in regelmäßigen Zeitabständen von nicht weniger als drei Jahren arbeitsmedizinisch untersuchen zu lassen. Nach Vollendung des 50. Lebensjahres steht Nachtarbeitnehmern dieses Recht in Zeitabständen von einem Jahr zu. Die Kosten der Untersuchungen hat der Arbeitgeber zu tragen, sofern er die Untersuchungen den Nachtarbeitnehmern nicht kostenlos durch einen Betriebsarzt oder einen überbetrieblichen Dienst von Betriebsärzten anbietet.

(4) Der Arbeitgeber hat den Nachtarbeitnehmer auf dessen Verlangen auf einen für ihn geeigneten Tagesarbeitsplatz umzusetzen, wenn

a) nach arbeitsmedizinischer Feststellung die weitere Verrichtung von Nachtarbeit den Arbeitnehmer in seiner Gesundheit gefährdet oder

b) im Haushalt des Arbeitnehmers ein Kind unter zwölf Jahren lebt, das nicht von einer anderen im Haushalt lebenden Person betreut werden kann, oder

c) der Arbeitnehmer einen schwerpflegebedürftigen Angehörigen zu versorgen hat, der nicht von einem anderen im Haushalt lebenden Angehörigen versorgt werden kann,

sofern dem nicht dringende betriebliche Erfordernisse entgegenstehen. Stehen der Umsetzung des Nachtarbeitnehmers auf einen für ihn geeigneten Tagesarbeitsplatz nach Auffassung des Arbeitgebers dringende betriebliche Erfordernisse entgegen, so ist der Betriebs- oder Personalrat zu hören. Der Betriebs- oder Personalrat kann dem Arbeitgeber Vorschläge für eine Umsetzung unterbreiten.

(5) Soweit keine tarifvertraglichen Ausgleichsregelungen bestehen, hat der Arbeitgeber dem Nachtarbeitnehmer für die während der Nachtzeit geleisteten Arbeitsstunden eine angemessene Zahl bezahlter freier Tage oder einen angemessenen Zuschlag auf das ihm hierfür zustehende Bruttoarbeitsentgelt zu gewähren.

(6) Es ist sicherzustellen, daß Nachtarbeitnehmer den gleichen Zugang zur betrieblichen Weiterbildung und zu aufstiegsfördernden Maßnahmen haben wie die übrigen Arbeitnehmer.

§ 7 Abweichende Regelungen

(1) In einem Tarifvertrag oder auf Grund eines Tarifvertrags in einer Betriebsvereinbarung kann zugelassen werden,

1. abweichend von § 3
   a) die Arbeitszeit über zehn Stunden werktäglich auch ohne Ausgleich zu verlängern, wenn in die Arbeitszeit regelmäßig und in erheblichem Umfang Arbeitsbereitschaft fällt,

b) einen anderen Ausgleichszeitraum festzulegen,

c) ohne Ausgleich die Arbeitszeit auf bis zu zehn Stunden werktäglich an höchstens 60 Tagen im Jahr zu verlängern,

2. abweichend von § 4 Satz 2 die Gesamtdauer der Ruhepausen in Schichtbetrieben und Verkehrsbetrieben auf Kurzpausen von angemessener Dauer aufzuteilen,

3. abweichend von § 5 Abs. 1 die Ruhezeit um bis zu zwei Stunden zu kürzen, wenn die Art der Arbeit dies erfordert und die Kürzung der Ruhzeit innerhalb eines festzulegenden Ausgleichszeitraums ausgeglichen wird,

4. abweichend von § 6 Abs. 2

a) die Arbeitszeit über zehn Stunden werktäglich hinaus auch ohne Ausgleich zu verlängern, wenn in die Arbeitszeit regelmäßig und in erheblichem Umfang Arbeitsbereitschaft fällt,

b) einen anderen Ausgleichszeitraum festzulegen,

5. den Beginn des siebenstündigen Nachtzeitraums des § 2 Abs. 3 auf die Zeit zwischen 22 und 24 Uhr festzulegen.

(2) Sofern der Gesundheitsschutz der Arbeitnehmer durch einen entsprechenden Zeitausgleich gewährleistet wird, kann in einem Tarifvertrag oder auf Grund eines Tarifvertags in einer Betriebsvereinbarung ferner zugelassen werden,

1. abweichend von § 5 Abs. 1 die Ruhezeiten bei Bereitschaftsdienst und Rufbereitschaft den Besonderheiten dieser Dienste anzupassen, insbesondere Kürzungen der Ruhezeit infolge von Inanspruchnahmen während dieser Dienste zu anderen Zeiten auszugleichen,

2. die Regelungen der §§ 3, 5 Abs. 1 und § 6 Abs. 2 in der Landwirtschaft der Bestellungs- und Erntezeit sowie den Witterungseinflüssen anzupassen,

3. die Regelungen der §§ 3, 4, 5 Abs. 1 und § 6 Abs. 2 bei der Behandlung, Pflege und Betreuung von Personen der Eigenart dieser Tätigkeit und dem Wohl dieser Personen entsprechend anzupassen,

4. die Regelungen der §§ 3, 4, 5 Abs. 1 und § 6 Abs. 2 bei Verwaltungen und Betrieben des Bundes, der Länder, der Gemeinden und sonstigen Körperschaften, Anstalten und Stiftungen des öffentlichen Rechts sowie bei anderen Arbeitgebern, die der Tarifbindung eines für den öffentlichen Dienst geltenden oder eines im wesentlichen inhaltsgleichen Tarifvertrags unterliegen, der Eigenart der Tätigkeit bei diesen Stellen anzupassen.

(3) Im Geltungsbereich eines Tarifvertrags nach Absatz 1 oder 2 können abweichende tarifvertragliche Regelungen im Betrieb eines nicht tarifgebundenen Arbeitsgebers durch Betriebsvereinbarung oder, wenn ein Betriebsrat nicht besteht, durch schriftliche Vereinbarung zwischen dem Arbeitgeber und dem Arbeitnehmer übernommen werden. Können auf Grund eines solchen Tarifvertrags abweichende Regelungen in einer Betriebsvereinbarung getroffen werden, kann auch in Betrieben eines nicht tarifgebundenen Arbeitgebers davon Gebrauch gemacht werden. Eine nach Absatz 2 Nr. 4 getroffene abweichende tarifvertragliche Regelung hat zwischen nicht tarifgebundenen Arbeitgebern und Arbeitnehmern Geltung, wenn zwischen ihnen die Anwendung der für den öffentlichen Dienst geltenden tarifvertraglichen Bestimmungen vereinbart ist und die Arbeitgeber die Kosten des Betriebs überwiegend mit Zuwendungen im Sinne des Haushaltsrechts decken.

(4) Die Kirchen und die öffentlich-rechtlichen Religionsgesellschaften können die in Absatz 1 oder 2 genannten Abweichungen in ihren Regelungen vorsehen.

(5) In einem Bereich, in dem Regelungen durch Tarifvertrag üblicherweise nicht getroffen werden, können Ausnahmen im Rahmen des Absatzes 1 oder 2 durch die Aufsichtsbehörde bewilligt werden, wenn dies aus betrieblichen Gründen erforderlich ist und die Gesundheit der Arbeitnehmer nicht gefährdet wird.

(6) Die Bundesregierung kann durch Rechtsverordnung mit Zustimmung des Bundesrates Ausnahmen im Rahmen des Absatzes 1 oder 2 zulassen, sofern dies aus betrieblichen Gründen erforderlich ist und die Gesundheit der Arbeitnehmer nicht gefährdet wird.

§ 8 Gefährliche Arbeiten

Die Bundesregierung kann durch Rechtsverordnung mit Zustimmung des Bundesrates für einzelne Beschäftigungsbereiche, für bestimmte Arbeiten oder für bestimmte Arbeitnehmergruppen, bei denen besondere Gefahren für die Gesundheit der Arbeitnehmer zu erwarten sind, die Arbeitszeit über § 3 hinaus beschränken, die Ruhepausen und Ruhezeiten über die §§ 4 und 5 hinaus ausdehnen, die Regelungen zum Schutz der Nacht- und Schichtarbeitnehmer in § 6 erweitern und die Abweichungsmöglichkeiten nach § 7 beschränken, soweit dies zum Schutz der Gesundheit der Arbeitnehmer erforderlich ist. Satz 1 gilt nicht für Beschäftigungsbereiche und Arbeiten in Betrieben, die der Bergaufsicht unterliegen.

Dritter Abschnitt
Sonn- und Feiertagsruhe

§ 9 Sonn- und Feiertagsruhe

(1) Arbeitnehmer dürfen an Sonn- und gesetzlichen Feiertagen von 0 bis 24 Uhr nicht beschäftigt werden.

(2) In mehrschichtigen Betrieben mit regelmäßiger Tag- und Nachtschicht kann Beginn oder Ende der Sonn- und Feiertagsruhe um bis zu sechs Stunden vor- oder zurückverlegt werden, wenn für die auf den Beginn der Ruhezeit folgenden 24 Stunden der Betrieb ruht.

(3) Für Kraftfahrer und Beifahrer kann der Beginn der 24stündigen Sonn- und Feiertagsruhe um bis zu zwei Stunden vorverlegt werden.

§ 10 Sonn- und Feiertagsbeschäftigung

(1) Sofern die Arbeiten nicht an Werktagen vorgenommen werden können, dürfen Arbeitnehmer an Sonn- und Feiertagen abweichend von § 9 beschäftigt werden

1. in Not- und Rettungsdiensten sowie bei der Feuerwehr,
2. zur Aufrechterhaltung der öffentlichen Sicherheit und Ordnung sowie der Funktionsfähigkeit von Gerichten und Behörden und für Zwecke der Verteidigung,
3. in Krankenhäusern und anderen Einrichtungen zur Behandlung, Pflege und Betreuung von Personen,
4. in Gaststätten und anderen Einrichtungen zur Bewirtung und Beherbergung sowie im Haushalt,
5. bei Musikaufführungen, Theatervorstellungen, Filmvorführungen, Schaustellungen, Darbietungen und anderen ähnlichen Veranstaltungen,
6. bei nichtgewerblichen Aktionen und Veranstaltungen der Kirchen, Religionsgesellschaften, Verbände, Vereine, Parteien und anderer ähnlicher Vereinigungen,
7. beim Sport und in Freizeit-, Erholungs- und Vergnügungseinrichtungen, beim Fremdenverkehr sowie in Museen und wissenschaftlichen Präsenzbibliotheken,
8. beim Rundfunk, bei der Tages- und Sportpresse, bei Nachrichtenagenturen sowie bei den der Tagesaktualität dienenden Tätigkeiten für andere Presseerzeugnisse einschließlich des Austragens, bei der Herstellung von Satz, Filmen und Druckformen für tagesaktuelle Nachrichten und Bilder, bei tagesaktuellen Aufnahmen auf Ton- und Bildträger sowie beim Transport und Kommissionieren von Presseerzeugnissen, deren Ersterscheinungstag am Montag oder am Tag nach einem Feiertag liegt,
9. bei Messen, Ausstellungen und Märkten im Sinne des Titels IV der Gewerbeordnung sowie bei Volksfesten,
10. in Verkehrsbetrieben sowie beim Transport und Kommissionieren von leichtverderblichen Waren im Sinne des § 30 Abs. 3 Nr. 2 der Straßenverkehrsordnung,
11. in den Energie- und Wasserversorgungsbetrieben sowie in Abfall- und Abwasserentsorgungsbetrieben,
12. in der Landwirtschaft und in der Tierhaltung sowie in Einrichtungen zur Behandlung und Pflege von Tieren,
13. im Bewachungsgewerbe und bei der Bewachung von Betriebsanlagen,

14. bei der Reinigung und Instandhaltung von Betriebseinrichtungen, soweit hierdurch der regelmäßige Fortgang des eigenen oder eines fremden Betriebs bedingt ist, bei der Vorbereitung der Wiederaufnahme des vollen werktägigen Betriebs sowie bei der Aufrechterhaltung der Funktionsfähigkeit von Datennetzen und Rechnersystemen,
15. zur Verhütung des Verderbens von Naturerzeugnissen oder Rohstoffen oder des Mißlingens von Arbeitsergebnissen sowie bei kontinuierlich durchzuführenden Forschungsarbeiten,
16. zur Vermeidung einer Zerstörung oder erheblichen Beschädigung der Produktionseinrichtungen.

(2) Abweichend von § 9 dürfen Arbeitnehmer an Sonn- und Feiertagen mit den Produktionsarbeiten beschäftigt werden, wenn die infolge der Unterbrechung der Produktion nach Absatz 1 Nr. 14 zulässigen Arbeiten den Einsatz von mehr Arbeitnehmern als bei durchgehender Produktion erfordern.

(3) Abweichend von § 9 dürfen Arbeitnehmer an Sonn- und Feiertagen in Bäckerein und Konditoreien für bis zu drei Stunden mit der Herstellung und dem Austragen oder Ausfahren von Konditorwaren und an diesem Tag zum Verkauf kommenden Bäckerwaren beschäftigt werden.

(4) Sofern die Arbeiten nicht an Werktagen vorgenommen werden können, dürfen Arbeitnehmer zur Durchführung des Eil- und Großbetragszahlungsverkehrs und des Geld-, Devisen-, Wertpapier- und Derivatehandels abweichend von § 9 Abs. 1 an den auf einen Werktag fallenden Feiertagen beschäftigt werden, die nicht in allen Mitgliedsstaaten der Europäischen Union Feiertage sind.

§ 11 Ausgleich für Sonn- und Feiertagsbeschäftigung

(1) Mindestens 15 Sonntage im Jahr müssen beschäftigungsfrei bleiben.

(2) Für die Beschäftigung an Sonn- und Feiertagen gelten die §§ 3 bis 8 entsprechend, jedoch dürfen durch die Arbeitszeit an Sonn- und Feiertagen die in den §§ 3, 6 Abs. 2 und § 7 bestimmten Höchstarbeitszeiten und Ausgleichszeiträume nicht überschritten werden.

(3) Werden Arbeitnehmer an einem Sonntag beschäftigt, müssen sie einen Ersatzruhetag haben, der innerhalb eines den Beschäftigungstag einschließenden Zeitraums von zwei Wochen zu gewähren ist. Werden Arbeitnehmer an einem auf einen Werktag fallenden Feiertag beschäftigt, müssen sie einen Ersatzruhetag haben, der innerhalb eines den Beschäftigungstag einschließenden Zeitraums von acht Wochen zu gewähren ist.

(4) Die Sonn- oder Feiertagsruhe des § 9 oder der Ersatzruhetag des Absatzes 3 ist den Arbeitnehmern unmittelbar in Verbindung mit einer Ruhezeit nach § 5 zu gewähren, soweit dem technische oder arbeitsorganisatorische Gründe nicht entgegenstehen.

§ 12 Abweichende Regelungen

In einem Tarifvertrag oder auf Grund eines Tarifvertrags in einer Betriebsvereinbarung kann zugelassen werden,

1. abweichend von § 11 Abs. 1 die Anzahl der beschäftigungsfreien Sonntage in den Einrichtungen des § 10 Abs. 1 Nr. 2, 3, 4 und 10 auf mindestens zehn Sonntage, im Rundfunk, in Theaterbetrieben, Orchestern sowie bei Schaustellungen auf mindestens acht Sonntage, in Filmtheatern und in der Tierhaltung auf mindestens sechs Sonntage im Jahr zu verringern,

2. abweichend von § 11 Abs. 3 den Wegfall von Ersatzruhetagen für auf Werktage fallende Feiertage zu vereinbaren oder Arbeitnehmer innerhalb eines festzulegenden Ausgleichszeitraums beschäftigungsfrei zu stellen,

3. abweichend von § 11 Abs. 1 bis 3 in der Seeschiffahrt die den Arbeitnehmern nach diesen Vorschriften zustehenden freien Tage zusammenhängend zu geben,

4. abweichend von § 11 Abs. 2 die Arbeitszeit in vollkontinuierlichen Schichtbetrieben an Sonn- und Feiertagen auf bis zu zwölf Stunden zu verlängern, wenn dadurch zusätzliche freie Schichten an Sonn- und Feiertagen erreicht werden.

§ 7 Abs. 3 bis 6 findet Anwendung.

§ 13 Ermächtigung, Anordnung, Bewilligung

(1) Die Bundesregierung kann durch Rechtsverordnung mit Zustimmung des Bundesrates zur Vermeidung erheblicher Schäden unter Berücksichtigung des Schutzes der Arbeitnehmer und der Sonn- und Feiertagsruhe

1. die Bereiche mit Sonn- und Feiertagsbeschäftigung nach § 10 sowie die dort zugelassenen Arbeiten näher bestimmen,
2. über die Ausnahmen nach § 10 hinaus weitere Ausnahmen abweichend von § 9

   a) für Betriebe, in denen die Beschäftigung von Arbeitnehmern an Sonn- oder Feiertagen zur Befriedigung täglicher oder an diesen Tagen besonders hervortretender Bedürfnisse der Bevölkerung erforderlich ist,

   b) für Betriebe, in denen Arbeiten vorkommen, deren Unterbrechung oder Aufschub

   aa) nach dem Stand der Technik ihrer Art nach nicht oder nur mit erheblichen Schwierigkeiten möglich ist,

   bb) besondere Gefahren für Leben oder Gesundheit der Arbeitnehmer zur Folge hätte,

   cc) zu erheblichen Belastungen der Umwelt oder der Energie- oder Wasserversorgung führen würde,

   c) aus Gründen des Gemeinwohls, insbesondere auch zur Sicherung der Beschäftigung,

   zulassen und die zum Schutz der Arbeitnehmer und der Sonn- und Feiertagsruhe notwendigen Bedingungen bestimmen.

(2) Soweit die Bundesregierung von der Ermächtigung des Absatzes 1 Nr. 2 Buchstabe a keinen Gebrauch gemacht hat, können die Landesregierungen durch Rechtsverordnung entsprechende Bestimmungen erlassen. Die Landesregierungen können diese Ermächtigung durch Rechtsverordnung auf oberste Landesbehörden übertragen.

(3) Die Aufsichtsbehörde kann

1. feststellen, ob eine Beschäftigung nach § 10 zulässig ist,

2. abweichend von § 9 bewilligen, Arbeitnehmer zu beschäftigen

   a) im Handelsgewerbe an bis zu zehn Sonn- und Feiertagen im Jahr, an denen besondere Verhältnisse einen erweiterten Geschäftsverkehr erforderlich machen,

   b) an bis zu fünf Sonn- und Feiertagen im Jahr, wenn besondere Verhältnisse zur Verhütung eines unverhältnismäßigen Schadens dies erfordern,

   c) an einem Sonntag im Jahr zur Durchführung einer gesetzlich vorgeschriebenen Inventur,

und Anordnungen über die Beschäftigungszeit unter Berücksichtigung der für den öffentlichen Gottesdienst bestimmten Zeit treffen.

(4) Die Aufsichtsbehörde soll abweichend von § 9 bewilligen, dass Arbeitnehmer an Sonn- und Feiertagen mit Arbeiten beschäftigt werden, die aus chemischen, biologischen, technischen oder physikalischen Gründen einen ununterbrochenen Fortgang auch an Sonn- und Feiertagen erfordern.

(5) Die Aufsichtsbehörde hat abweichend von § 9 die Beschäftigung von Arbeitnehmern an Sonn- und Feiertagen zu bewilligen, wenn bei einer weitgehenden Ausnutzung der gesetzlich zulässigen wöchentlichen Betriebszeiten und bei längeren Betriebszeiten im Ausland die Konkurrenzfähigkeit unzumutbar beeinträchtigt ist und durch die Genehmigung von Sonn- und Feiertagsarbeit die Beschäftigung gesichert werden kann.

Vierter Abschnitt
Ausnahmen in besonderen Fällen

§ 14 Außergewöhnliche Fälle

(1) Von den §§ 3 bis 5, 6 Abs. 2, §§ 7, 9 bis 11 darf abgewichen werden bei vorübergehenden Arbeiten in Notfällen und in außergewöhnlichen Fällen, die unabhängig vom Willen der Betroffenen ein-

treten und deren Folgen nicht auf andere Weise zu beseitigen sind, besonders wenn Rohstoffe oder Lebensmittel zu verderben oder Arbeitsergebnisse zu misslingen drohen.

(2) Von den §§ 3 bis 5, 6 Abs. 2, §§ 7, 11 Abs. 1 bis 3 und § 12 darf ferner abgewichen werden,

1. wenn eine verhältnismäßig geringe Zahl von Arbeitnehmern vorübergehend mit Arbeiten beschäftigt wird, deren Nichterledigung das Ergebnis der Arbeiten gefährden oder einen unverhältnismäßigen Schaden zur Folge haben würden,

2. bei Forschung und Lehre, bei unaufschiebbaren Vor- und Abschlussarbeiten sowie bei unaufschiebbaren Arbeiten zur Behandlung, Pflege und Betreuung von Tieren an einzelnen Tagen, wenn dem Arbeitgeber andere Vorkehrungen nicht zugemutet werden können.

§ 15 Bewilligung, Ermächtigung

(1) Die Aufsichtsbehörde kann

1. eine von den §§ 3, 6 Abs. 2 und § 11 Abs. 2 abweichende längere tägliche Arbeitszeit bewilligen
   a) für kontinuierliche Schichtbetriebe zur Erreichung zusätzlicher Freischichten,
   b) für Bau- und Montagestellen,

2. eine von den §§ 3, 6 Abs. 2 und § 11 Abs. 2 abweichende längere tägliche Arbeitszeit für Saison- und Kampagnebetriebe für die Zeit der Saison oder Kampagne bewilligen, wenn die Verlängerung der Arbeitszeit über acht Stunden werktäglich durch eine entsprechende Verkürzung der Arbeitszeit zu anderen Zeiten ausgeglichen wird,

3. eine von den §§ 5 und 11 Abs. 2 abweichende Dauer und Lage der Ruhezeit bei Arbeitsbereitschaft, Bereitschaftsdienst und Rufbereitschaft den Besonderheiten dieser Inanspruchnahmen im öffentlichen Dienst entsprechend bewilligen,

4. eine von den §§ 5 und 11 Abs. 2 abweichende Ruhezeit zur Herbeiführung eines regelmäßigen wöchentlichen Schichtwechsels zweimal innerhalb eines Zeitraums von drei Wochen bewilligen.

(2) Die Aufsichtsbehörde kann über die in diesem Gesetz vorgesehenen Ausnahmen hinaus weitergehende Ausnahmen zulassen, soweit sie im öffentlichen Interesse dringend nötig werden.

(3) Das Bundesministerium der Verteidigung kann in seinem Geschäftsbereich durch Rechtsverordnung mit Zustimmung des Bundesministeriums für Arbeit und Sozialordnung aus zwingenden Gründen der Verteidigung Arbeitnehmer verpflichten, über die in diesem Gesetz und in den auf Grund dieses Gesetzes erlassenen Rechtsverordnungen und Tarifverträgen festgelegten Arbeitszeitgrenzen und -beschränkungen hinaus Arbeit zu leisten.

Fünfter Abschnitt
Durchführung des Gesetzes

§ 16 Aushang und Arbeitszeitnachweise

(1) Der Arbeitgeber ist verpflichtet, einen Abdruck dieses Gesetzes, der auf Grund dieses Gesetzes erlassenen, für den Betrieb geltenden Rechtsverordnungen und der für den Betrieb geltenden Tarifverträge und Betriebsvereinbarungen im Sinne des § 7 Abs. 1 bis 3 und des § 12 an geeigneter Stelle im Betrieb zur Einsichtnahme auszulegen oder auszuhängen.

(2) Der Arbeitgeber ist verpflichtet, die über die werktägliche Arbeitszeit des § 3 Satz 1 hinausgehende Arbeitszeit der Arbeitnehmer aufzuzeichnen. Die Aufzeichnungen sind mindestens zwei Jahre aufzubewahren.

§ 17 Aufsichtsbehörde

(1) Die Einhaltung dieses Gesetzes und der auf Grund dieses Gesetzes erlassenen Rechtsverordnungen wird von den nach Landesrecht zuständigen Behörden (Aufsichtsbehörden) überwacht.

(2) Die Aufsichtsbehörde kann die erforderlichen Maßnahmen anordnen, die der Arbeitgeber zur Erfüllung der sich aus diesem Gesetz und den auf Grund dieses Gesetzes erlassenen Rechtsverordnungen ergebenden Pflichten zu treffen hat.

(3) Für den öffentlichen Dienst des Bundes sowie für die bundesunmittelbaren Körperschaften, Anstalten und Stiftungen des öffentlichen Rechts werden die Aufgaben und Befugnisse der Aufsichtsbehörde vom zuständigen Bundesministerium oder den von ihm bestimmten Stellen wahrgenommen; das gleiche gilt für die Befugnisse nach § 15 Abs. 1 und 2.

(4) Die Aufsichtsbehörde kann vom Arbeitgeber die für die Durchführung dieses Gesetzes und der auf Grund dieses Gesetzes erlassenen Rechtsverordnungen erforderlichen Auskünfte verlangen. Sie kann ferner vom Arbeitgeber verlangen, die Arbeitszeitnachweise und Tarifverträge oder Betriebsvereinbarungen im Sinne des § 7 Abs. 1 bis 3 und des § 12 vorzulegen oder zur Einsicht einzusenden.

(5) Die Beauftragten der Aufsichtsbehörde sind berechtigt, die Arbeitsstätten während der Betriebs- und Arbeitszeit zu betreten und zu besichtigen; außerhalb dieser Zeit oder wenn sich die Arbeitsstätten in einer Wohnung befinden, dürfen sie ohne Einverständnis des Inhabers nur zur Verhütung von dringenden Gefahren für die öffentliche Sicherheit und Ordnung betreten und besichtigt werden. Der Arbeitgeber hat das Betreten und Besichtigen der Arbeitsstätten zu gestatten. Das Grundrecht der Unverletzlichkeit der Wohnung (Artikel 13 des Grundgesetzes) wird insoweit eingeschränkt.

(6) Der zur Auskunft Verpflichtete kann die Auskunft auf solche Fragen verweigern, deren Beantwortung ihn selbst oder einen der in § 383 Abs. 1 Nr. 1 bis 3 der Zivilprozessordnung bezeichneten An-

gehörigen der Gefahr strafgerichtlicher Verfolgung oder eines Verfahrens nach dem Gesetz über Ordnungswidrigkeiten aussetzen würde.

Sechster Abschnitt
Sonderregelungen

§ 18 Nichtanwendung des Gesetzes

(1) Dieses Gesetz ist nicht anzuwenden auf
1. leitende Angestellte im Sinne des § 5 Abs. 3 des Betriebsverfassungsgesetzes sowie Chefärzte,
2. Leiter von öffentlichen Dienststellen und deren Vertreter sowie Arbeitnehmer im öffentlichen Dienst, die zu selbstständigen Entscheidungen in Personalangelegenheiten befugt sind,
3. Arbeitnehmer, die in häuslicher Gemeinschaft mit den ihnen anvertrauten Personen zusammenleben und sie eigenverantwortlich erziehen, pflegen oder betreuen,
4. den liturgischen Bereich der Kirchen und der Religionsgemeinschaften.

(2) Für die Beschäftigung von Personen unter 18 Jahren gilt anstelle dieses Gesetzes des Jugendarbeitsschutzgesetz.

(3) Für die Beschäftigung von Arbeitnehmern auf Kauffahrteischiffen als Besatzungsmitglieder im Sinne des § 3 des Seemannsgesetztes gilt anstelle dieses Gesetzes das Seemannsgesetz.

(4) (aufgehoben)

§ 19 Beschäftigung im öffentlichen Dienst

Bei der Wahrnehmung hoheitlicher Aufgaben im öffentlichen Dienst können, soweit keine tarifvertragliche Regelung besteht, durch die zuständige Dienstbehörde die für Beamte geltenden Bestimmungen über die Arbeitszeit auf die Arbeitnehmer übertragen werden; insoweit finden die §§ 3 bis 13 keine Anwendung.

§ 20 Beschäftigung in der Luftfahrt

Für die Beschäftigung von Arbeitnehmern als Besatzungsmitglieder von Luftfahrzeugen gelten anstelle der Vorschriften dieses Gesetzes über Arbeits- und Ruhezeiten die Vorschriften über Flug-, Flugdienst- und Ruhezeiten der Zweiten Durchführungsverordnung zur Betriebsordnung für Luftfahrtgerät in der jeweils geltenden Fassung.

§ 21 Beschäftigung in der Binnenschiffahrt

Die Vorschriften dieses Gesetzes gelten für die Beschäftigung von Fahrpersonal in der Binnenschiffahrt, soweit die Vorschriften über Ruhezeiten der Rheinschiffs-Untersuchungsordnung und der Binnenschiff-Untersuchungsordnung in der jeweils geltenden Fassung dem nicht entgegenstehen. Sie können durch Tarifvertrag der Eigenart der Binnenschiffahrt angepasst werden.

Siebter Abschnitt
Straf- und Bußgeldvorschriften

§ 22 Bußgeldvorschriften

(1) Ordnungswidrig handelt, wer als Arbeitgeber vorsätzlich oder fahrlässig
1. entgegen § 3 oder § 6 Abs. 2, jeweils auch in Verbindung mit § 11 Abs. 2, einen Arbeitnehmer über die Grenzen der Arbeitszeit hinaus beschäftigt,
2. entgegen § 4 Ruhepausen nicht, nicht mit der vorgeschriebenen Mindestdauer oder nicht rechtzeitig gewährt,
3. entgegen § 5 Abs. 1 die Mindestruhezeit nicht gewährt oder entgegen § 5 Abs. 2 die Verkürzung der Ruhezeit durch Verlängerung einer anderen Ruhezeit nicht oder nicht rechtzeitig ausgleicht,

4. einer Rechtsverordnung nach § 8 Satz 1, § 13 Abs. 1 oder 2 oder § 24 zuwiderhandelt, soweit sie für einen bestimmten Tatbestand auf diese Bußgeldvorschrift verweist,

5. entgegen § 9 Abs. 1 einer Arbeitnehmer an Sonn- oder Feiertagen beschäftigt,

6. entgegen § 11 Abs. 1 einen Arbeitnehmer an allen Sonntagen beschäftigt oder entgegen § 11 Abs. 3 einen Ersatzruhetag nicht oder nicht rechtzeitig gewährt,

7. einer vollziehbaren Anordnung nach § 13 Abs. 3 Nr. 2 zuwiderhandelt,

8. entgegen § 16 Abs. 1 die dort bezeichnete Auslage oder den dort bezeichneten Aushang nicht vornimmt,

9. entgegen § 16 Abs. 2 Aufzeichnungen nicht oder nicht richtig erstellt oder nicht für die vorgeschriebene Dauer aufbewahrt oder

10. entgegen § 17 Abs. 4 eine Auskunft nicht, nicht richtig oder nicht vollständig erteilt, Unterlagen nicht oder nicht vollständig vorlegt oder nicht einsendet oder entgegen § 17 Abs. 5 Satz 2 eine Maßnahme nicht gestattet.

(2) Die Ordnungswidrigkeit kann in den Fällen des Absatzes 1 Nr. 1 bis 7, 9 und 10 mit einer Geldbuße bis zu 15.000 EURO in den Fällen des Absatzes 1 Nr. 8 mit einer Geldbuße bis zu 2.500 EURO geahndet werden.

§ 23 Strafvorschriften

(1) Wer eine der in § 22 Abs. 1 Nr. 1 bis 3, 5 bis 7 bezeichneten Handlungen

1. vorsätzlich begeht und dadurch Gesundheit oder Arbeitskraft eines Arbeitnehmers gefährdet oder

2. beharrlich wiederholt,

wird mit Freiheitsstrafe bis zu einem Jahr oder mit Geldstrafe bestraft.

(2) Wer in den Fällen des Absatzes 1 Nr. 1 die Gefahr fahrlässig verursacht, wird mit Freiheitsstrafe bis zu sechs Monaten oder mit Geldstrafe bis zu 180 Tagessätzen bestraft.

Achter Abschnitt
Schlussvorschriften

§ 24 Umsetzung von zwischenstaatlichen Vereinbarungen und Rechtsakten der EG

Die Bundesregierung kann mit Zustimmung des Bundesrates zur Erfüllung von Verpflichtungen aus zwischenstaatlichen Vereinbarungen oder zur Umsetzung von Rechtsakten des Rates oder der Kommission der Europäischen Gemeinschaften, die Sachbereiche dieses Gesetzes betreffen, Rechtsverordnungen nach diesem Gesetz erlassen.

§ 25 Übergangsvorschriften für Tarifverträge

Enthält ein bei Inkrafttreten dieses Gesetzes bestehender oder nachwirkender Tarifvertrag abweichende Regelungen nach § 7 Abs. 1 oder 2 oder § 12 Satz 1, die den in den genannten Vorschriften festgelegten Höchstrahmen überschreiten, so bleiben diese tarifvertraglichen Regelungen unberührt. Tarifverträgen nach Satz 1 stehen durch Tarifvertrag zugelassene Betriebsvereinbarungen gleich. Satz 1 gilt entsprechend für tarifvertragliche Regelungen, in denen abweichend von § 11 Abs. 3 für die Beschäftigung an Feiertagen anstelle der Freistellung ein Zuschlag gewährt wird.

§ 26 Übergangsvorschrift für bestimmte Personengruppen

§ 5 ist für Ärzte und das Pflegepersonal in Krankenhäusern und anderen Einrichtungen zur Behandlung, Pflege und Betreuung von Personen erst ab 1. Januar 1996 anzuwenden.

Gesetz zum Erziehungsgeld und zur Elternzeit

(Bundeserziehungsgeldgesetz – BErzGG)

In der Fassung der Bekanntmachung vom 1. Dezember 2000
(BGBl. I S. 1645)

Zuletzt geändert durch Gesetz vom 17. August 2001
(BGBl. I S. 2144)

Artikel 1
Änderung des Bundeserziehungsgeldgesetzes

§ 1 Berechtigte

(1) Anspruch auf Erziehungsgeld hat, wer
1. einen Wohnsitz oder seinen gewöhnlichen Aufenthalt in Deutschland hat,
2. mit einem Kind, für das ihm die Personensorge zusteht, in einem Haushalt lebt,
3. dieses Kind selbst betreut und erzieht und
4. keine oder keine volle Erwerbstätigkeit ausübt.

Die Anspruchsvoraussetzungen müssen bei Beginn des Leistungszeitraums vorliegen. Abweichend von Satz 2, § 1594, § 1600 d und §§ 1626 a bis 1626 e des Bürgerlichen Gesetzbuches können im Einzelfall nach billigem Ermessen die Tatsachen der Vaterschaft und der elterlichen Sorgeerklärung des Anspruchsberechtigten auch schon vor dem Zeitpunkt ihrer Rechtswirksamkeit berücksichtigt werden.

(2) Anspruch auf Erziehungsgeld hat auch, wer, ohne eine der Voraussetzungen des Absatzes 1 Nr. 1 zu erfüllen,
1. im Rahmen seines in Deutschland bestehenden Beschäftigungsverhältnisses vorübergehend ins Ausland entsandt ist und aufgrund über- oder zwischenstaatlichen Rechts oder nach § 4 des Vierten Buches Sozialgesetzbuch dem deutschen Sozialversicherungsrecht unterliegt oder im Rahmen seines in Deutschland bestehenden öffentlich-rechtlichen Dienst- oder Amtsverhältnisses vorübergehend ins Ausland abgeordnet, versetzt oder kommandiert ist,
2. Versorgungsbezüge nach beamten- oder soldatenrechtlichen Vorschriften oder Grundsätzen oder eine Versorgungsrente von einer Zusatzversorgungsanstalt für Arbeitnehmer des öffentlichen Dienstes erhält oder
3. Entwicklungshelfer im Sinne des § 1 des Entwicklungshelfer-Gesetzes ist.

Dies gilt auch für den mit ihm in einem Haushalt lebenden Ehegatten oder Lebenspartner, wenn dieser im Ausland keine Erwerbstätigkeit ausübt, welche den dortigen Vorschriften der sozialen Sicherheit unterliegt.

(3) Einem in Absatz 1 Nr. 2 genannten Kind steht gleich

1. ein Kind, das mit dem Ziel der Annahme als Kind in die Obhut des Annehmenden aufgenommen ist,
2. ein Kind des Ehegatten oder Lebenspartners, das der Antragsteller in seinen Haushalt aufgenommen hat,
3. ein leibliches Kind des nichtsorgeberechtigten Antragstellers, mit dem dieser in einem Haushalt lebt.

(4) Der Anspruch auf Erziehungsgeld bleibt unberührt, wenn der Antragsteller aus einem wichtigen Grund die Betreuung und Erziehung des Kindes nicht sofort aufnehmen kann oder sie unterbrechen muss.

(5) In Fällen besonderer Härte, insbesondere bei schwerer Krankheit, Behinderung oder Tod eines Elternteils oder bei erheblich gefährdeter wirtschaftlicher Existenz, kann von dem Erfordernis der Personensorge oder den Voraussetzungen des Absatzes 1 Nr. 3 und 4 abgesehen werden. Das Erfordernis der Personensorge kann nur entfallen, wenn die sonstigen Voraussetzungen des Absatzes 1 erfüllt sind, das Kind mit einem Verwandten bis dritten Grades oder dessen Ehegatten oder Lebenspartner in einem Haushalt lebt und kein Erziehungsgeld für dieses Kind von einem Personensorgeberechtigten in Anspruch genommen wird.

(6) Ein Ausländer mit der Staatsangehörigkeit eines Mitgliedstaates der Europäischen Union oder eines der Vertragsstaaten des Europäischen Wirtschaftsraums (EU/EWR-Bürger) erhält nach Maßgabe der Absätze 1 bis 5 Erziehungsgeld. Ein anderer Ausländer ist anspruchsberechtigt, wenn
1. er eine Aufenthaltsberechtigung oder Aufenthaltserlaubnis besitzt,
2. er unanfechtbar als Asylberechtigter anerkannt ist oder
3. das Vorliegen der Voraussetzungen des § 51 Abs. 1 des Ausländergesetzes unanfechtbar festgestellt worden ist.

Maßgebend ist der Monat, in dem die Voraussetzungen des Satzes 2 eintreten. Im Falle der Verlängerung einer Aufenthaltserlaubnis oder der Erteilung einer Aufenthaltsberechtigung wird Erziehungsgeld rückwirkend (§ 4 Abs. 2 Satz 3) bewilligt, wenn der Aufenthalt nach § 69 Abs. 3 des Ausländergesetzes als erlaubt gegolten hat.

(7) Anspruchsberechtigt ist unter den Voraussetzungen des Absatzes 1 Nr. 2 bis 4 auch, wer als
1. EU/EWR-Bürger mit dem Wohnsitz in einem anderen Mitgliedstaat der Europäischen Union oder des Europäischen Wirtschaftsraums (anderen EU/EWR-Gebiet) oder

2. Grenzgänger aus einem sonstigen, unmittelbar an Deutschland angrenzenden Staat

in Deutschland in einem öffentlich-rechtlichen Dienst- oder Amtsverhältnis steht oder ein Arbeitsverhältnis mit einer mehr als geringfügigen Beschäftigung hat. Im Fall der Nummer 1 ist eine mehr als geringfügige selbstständige Tätigkeit (§ 8 des Vierten Buches Sozialgesetzbuch) gleichgestellt. Der in einem anderen EU/EWR-Gebiet wohnende Ehegatte des in Satz 1 genannten EU/EWR-Bürgers ist anspruchsberechtigt, wenn er die Voraussetzungen des Absatzes 1 Nr. 2 bis 4 sowie die in den Verordnungen (EWG) Nr. 1408/71 und Nr. 574/72 niedergelegten Voraussetzungen erfüllt. Im Übrigen gelten § 3 und § 8 Abs. 3.

(8) Unter den Voraussetzungen des Absatzes 1 ist auch der Ehegatte oder Lebenspartner eines Mitglieds der Truppe oder des zivilen Gefolges eines NATO-Mitgliedstaates anspruchsberechtigt, soweit er EU/EWR-Bürger ist oder bis zur Geburt des Kindes in einem öffentlich-rechtlichen Dienst- oder Amtsverhältnis steht oder eine mehr als geringfügige Beschäftigung (§ 8 des Vierten Buches Sozialgesetzbuch) ausgeübt hat oder Mutterschaftsgeld oder eine Entgeltersatzleistung nach § 2 Abs. 2 bezogen hat.

(9) Kein Erziehungsgeld erhält, wer im Rahmen seines im Ausland bestehenden Beschäftigungsverhältnisses vorübergehend nach Deutschland entsandt ist und aufgrund über- oder zwischenstaatlichen Rechts oder nach § 5 des Vierten Buches Sozialgesetzbuch nicht dem deutschen Sozialversicherungsrecht unterliegt. Entsprechendes gilt für den ihn begleitenden Ehegatten oder Lebenspartner, wenn er in Deutschland keine mehr als geringfügige Beschäftigung (§ 8 des Vierten Buches Sozialgesetzbuch) ausübt.

§ 2 Nicht volle Erwerbstätigkeit; Entgeltersatzleistungen

(1) Der Antragsteller übt keine volle Erwerbstätigkeit aus, wenn die wöchentliche Arbeitszeit 30 Stunden nicht übersteigt oder eine Beschäftigung zur Berufsbildung ausgeübt wird.

(2) Der Bezug von Arbeitslosengeld, Arbeitslosenhilfe, Eingliederungshilfe für Spätaussiedler, Krankengeld, Verletztengeld oder einer vergleichbaren Entgeltersatzleistung des Dritten, Fünften, Sechsten oder Siebten Buches Sozialgesetzbuch oder des Bundesversorgungsge-

setzes oder des Soldatenversorgungsgesetzes schließt Erziehungsgeld aus, wenn der Bemessung dieser Entgeltersatzleistung ein Arbeitsentgelt oder -einkommen für eine Beschäftigung mit einer wöchentlichen Arbeitszeit von mehr als 30 Stunden zugrunde liegt. Satz 1 gilt nicht für die zu ihrer Berufsbildung Beschäftigten.

(3) Abweichend von Absatz 2 wird im Härtefall Erziehungsgeld gezahlt, wenn der berechtigten Person nach § 9 Abs. 3 des Mutterschutzgesetzes oder § 18 Abs. 1 aus einem von ihr nicht zu vertretenden Grund zulässig gekündigt worden ist.

§ 3 Zusammentreffen von Ansprüchen

(1) Für die Betreuung und Erziehung eines Kindes wird nur einer Person Erziehungsgeld gewährt. Werden in einem Haushalt mehrere Kinder betreut und erzogen, wird für jedes Kind Erziehungsgeld gezahlt.

(2) Erfüllen beide Elternteile oder Lebenspartner die Anspruchsvoraussetzungen, so wird das Erziehungsgeld demjenigen gezahlt, den sie zum Berechtigten bestimmen. Wird die Bestimmung nicht im Antrag auf Erziehungsgeld getroffen, ist die Mutter die Berechtigte; Entsprechendes gilt für den Lebenspartner, der Elternteil ist. Die Bestimmung kann nur geändert werden, wenn die Betreuung und Erziehung des Kindes nicht mehr sichergestellt werden kann.

(3) Einem nicht sorgeberechtigten Elternteil kann Erziehungsgeld nur mit Zustimmung des sorgeberechtigten Elternteils gezahlt werden.

(4) Ein Wechsel in der Anspruchsberechtigung wird mit Beginn des folgenden Lebensmonats des Kindes wirksam.

§ 4 Beginn und Ende des Anspruchs

(1) Erziehungsgeld wird vom Tag der Geburt bis zur Vollendung des vierundzwanzigsten Lebensmonats gewährt. Für angenommene Kinder und Kinder im Sinne des § 1 Abs. 3 Nr. 1 wird Erziehungsgeld von der Inobhutnahme an für die Dauer von bis zu zwei Jahren und längstens bis zur Vollendung des achten Lebensjahres gezahlt.

(2) Erziehungsgeld ist schriftlich für jeweils ein Lebensjahr zu beantragen. Der Antrag für das zweite Lebensjahr kann frühestens ab dem neunten Lebensmonat des Kindes gestellt werden. Rückwirkend wird

Erziehungsgeld höchstens für sechs Monate vor der Antragstellung bewilligt. Für die ersten sechs Lebensmonate kann Erziehungsgeld unter dem Vorbehalt der Rückforderung bewilligt werden, wenn das Einkommen nach den Angaben des Antragstellers unterhalb der Einkommensgrenze nach § 5 Abs. 2 Satz 1 und 3 liegt, und die voraussichtlichen Einkünfte im Kalenderjahr der Geburt nicht ohne weitere Prüfung abschließend ermittelt werden können.

(3) Vor Erreichen der Altersgrenze (Absatz 1) endet der Anspruch mit dem Ablauf des Lebensmonats, in dem eine der Anspruchsvoraussetzungen entfallen ist. In den Fällen des § 16 Abs. 4 wird das Erziehungsgeld bis zur Beendigung des Erziehungsurlaubs weitergezahlt.

§ 5 Höhe des Erziehungsgeldes; Einkommensgrenzen

(1) Das monatliche Erziehungsgeld beträgt bei einer beantragten Zahlung für längstens bis zur Vollendung des
1. zwölften Lebensmonats 460 EURO (Budget),
2. vierundzwanzigsten Lebensmonats 307 EURO.

Soweit Erziehungsgeld wegen der Einkommensgrenzen nach Absatz 2 nur für die ersten sechs Lebensmonate möglich ist oder war, entfällt das Budget. Der nach Satz 2 zu Unrecht gezahlte Budgetanteil von bis zu 920 EURO ist zu erstatten. Die Entscheidung des Antragstellers für das Erziehungsgeld nach Satz 1 Nr. 1 oder 2 ist für die volle Bezugsdauer verbindlich; in Fällen besonderer Härte (§ 1 Abs. 5) ist eine einmalige Änderung möglich. Entscheidet er sich nicht, gilt die Regelung nach Nummer 2.

(2) In den ersten sechs Lebensmonaten des Kindes entfällt das Erziehungsgeld, wenn das Einkommen nach § 6 bei Ehegatten, die nicht dauernd getrennt leben, 51.130 EURO und bei anderen Berechtigten 38.350 EURO übersteigt. Vom Beginn des siebten Lebensmonats an verringert sich das Erziehungsgeld, wenn das Einkommen nach § 6 bei Ehegatten, die nicht dauernd getrennt leben, 16.470 EURO und bei anderen Berechtigten 13.498 EURO übersteigt. Die Beträge dieser Einkommensgrenzen erhöhen sich um 2.454 EURO für jedes weitere Kind des Berechtigten oder seines nicht dauernd von ihm getrennt lebenden Ehegatten, für das ihm oder seinem Ehegatten Kindergeld gezahlt wird oder ohne die Anwendung des § 65 Abs. 1 des Einkommensteuergesetzes oder des § 4

Abs. 1 des Bundeskindergeldgesetzes gezahlt würde. Maßgeblich sind, abgesehen von ausdrücklich abweichenden Regelungen dieses Gesetzes, die Verhältnisse zum Zeitpunkt der Antragstellung. Für Eltern in einer eheähnlichen Gemeinschaft gelten die Vorschriften zur Einkommensgrenze für Verheiratete, die nicht dauernd getrennt leben. Für Lebenspartner gilt die Einkommensgrenze für Verheiratete entsprechend.

(3) Das Erziehungsgeld nach Absatz 1 Satz 1 Nr. 1 (Budget) verringert sich um 6,2 Prozent des Einkommens, das die in Absatz 2 Satz 2, 3 geregelten Grenzen übersteigt, das Erziehungsgeld nach Absatz 1 Satz 1 Nr. 2 verringert sich um 4,2 Prozent dieses Einkommens.

(4) Das Erziehungsgeld wird im Laufe des Lebensmonats gezahlt, für den es bestimmt ist. Soweit Erziehungsgeld für Teile von Monaten zu leisten ist, beträgt es für einen Kalendertag ein Dreißigstel des jeweiligen Monatsbetrages. Ein Betrag von monatlich weniger als 10 EURO wird nicht gewährt. Auszuzahlende Beträge sind auf EURO zu runden, und zwar unter 50 CENT nach unten, sonst nach oben.

(5) In Absatz 2 Satz 3 tritt an die Stelle des Betrages von 2.454 EURO
1. für Geburten im Jahr 2002 der Betrag von 2.797 EURO,
2. für Geburten ab dem Jahr 2003 der Betrag von 3.140 EURO.

§ 6 Einkommen

(1) Als Einkommen gilt die nicht um Verluste in einzelnen Einkommensarten zu vermindernde Summe der positiven Einkünfte im Sinne des § 2 Abs. 1 und 2 des Einkommensteuergesetzes abzüglich folgender Beträge:
1. 27 vom Hundert der Einkünfte, bei Personen im Sinne des § 10 c Abs. 3 des Einkommensteuergesetzes 22 vom Hundert der Einkünfte;
2. Unterhaltsleistungen an andere Kinder, für die die Einkommensgrenze nicht nach § 5 Abs. 2 Satz 3 erhöht worden ist, bis zu dem durch Unterhaltstitel oder durch Vereinbarung festgelegten Betrag und an sonstige Personen, soweit die Leistungen nach § 10 Abs. 1 Nr. 1 oder § 33 a Abs. 1 des Einkommensteuergesetzes berücksichtigt werden;
3. der Pauschbetrag nach § 33 b Abs. 1 bis 3 des Einkommensteuergesetzes für ein behindertes Kind, für das die Eltern Kindergeld erhalten oder ohne die Anwendung des § 65 Abs. 1 des Einkommensteuergesetzes oder des § 4 Abs. 1 des Bundeskindergeldgesetzes erhalten würden.

(2) Für die Berechnung des Erziehungsgeldes im ersten bis zwölften Lebensmonat des Kindes ist das voraussichtliche Einkommen im Kalenderjahr der Geburt des Kindes maßgebend, für die Berechnung im 13. bis 24. Lebensmonat des Kindes das voraussichtliche Einkommen des folgenden Jahres. Bei angenommenen Kindern ist das voraussichtliche Einkommen im Kalenderjahr der Inobhutnahme sowie im folgenden Kalenderjahr maßgeblich.

(3) Zu berücksichtigen ist das Einkommen der berechtigten Person und ihres Ehegatten oder Lebenspartners, soweit sie nicht dauernd getrennt leben. Leben die Eltern in einer eheähnlichen Gemeinschaft, ist auch das Einkommen des Partners zu berücksichtigen; dabei reicht die formlose Erklärung über die gemeinsame Elternschaft und das Zusammenleben aus.

(4) Soweit ein ausreichender Nachweis der voraussichtlichen Einkünfte in dem maßgebenden Kalenderjahr nicht möglich ist, werden der Ermittlung die Einkünfte in dem Kalenderjahr davor zugrunde gelegt. Dabei können die Einkünfte des vorletzten Jahres berücksichtigt werden.

(5) Bei Einkünften aus nichtselbstständiger Arbeit, die allein nach ausländischem Steuerrecht zu versteuern sind oder keiner staatlichen Besteuerung unterliegen, ist von dem um 1.023 EURO verminderten Bruttobetrag auszugehen. Andere Einkünfte, die allein nach ausländischem Steuerrecht zu versteuern sind oder keiner staatlichen Besteuerung unterliegen, sind entsprechend § 2 Abs. 1 und 2 des Einkommensteuergesetzes zu ermitteln. Beträge in ausländischer Währung werden in EURO umgerechnet.

(6) Ist die berechtigte Person während des Erziehungsgeldbezugs nicht erwerbstätig, bleiben ihre Einkünfte aus einer vorherigen Erwerbstätigkeit unberücksichtigt. Ist sie während des Erziehungsgeldbezugs erwerbstätig, sind ihre voraussichtlichen Erwerbseinkünfte in dieser Zeit maßgebend. Für die anderen Einkünfte gelten die übrigen Vorschriften des § 6.

(7) Ist das voraussichtliche Einkommen insgesamt um mindestens zwanzig Prozent geringer als im Erziehungsgeldbescheid zugrunde gelegt, wird es auf Antrag neu ermittelt. Dabei sind die insoweit verringerten voraussichtlichen Einkünfte während des Erziehungsgeldbezugs zusammen mit den übrigen Einkünften nach § 6 maßgebend.

§ 7 Anrechnung von Mutterschaftsgeld und entsprechenden Bezügen

(1) Für die Zeit nach der Geburt laufend zu zahlendes Mutterschaftsgeld, das der Mutter nach der Reichsversicherungsordnung, dem Gesetz über die Krankenversicherung der Landwirte oder dem Mutterschutzgesetz gewährt wird, wird mit Ausnahme des Mutterschaftsgeldes nach § 13 Abs. 2 des Mutterschutzgesetzes auf das Erziehungsgeld angerechnet. Das Gleiche gilt für die Dienstbezüge, Anwärterbezüge und Zuschüsse, die nach beamten- oder soldatenrechtlichen Vorschriften für die Zeit der Beschäftigungsverbote gezahlt werden.

(2) Die Anrechnung ist beim Budget auf 13 EURO, sonst auf 10 EURO kalendertäglich begrenzt. Nicht anzurechnen ist das Mutterschaftsgeld für ein weiteres Kind vor und nach seiner Geburt auf das Erziehungsgeld für ein vorher geborenes Kind.

§ 8 Andere Sozialleistungen

(1) Das Erziehungsgeld und vergleichbare Leistungen der Länder sowie das Mutterschaftsgeld nach § 7 Abs. 1 Satz 1 und vergleichbare Leistungen nach § 7 Abs. 1 Satz 2, soweit sie auf das Erziehungsgeld angerechnet worden sind, bleiben als Einkommen bei Sozialleistungen, deren Gewährung von anderen Einkommen abhängig ist, unberücksichtigt. Bei gleichzeitiger Gewährung von Erziehungsgeld und vergleichbaren Leistungen der Länder sowie von Sozialhilfe ist § 15 b des Bundessozialhilfegesetzes auf den Berechtigten nicht anwendbar. Im Übrigen gilt für die Zeit des Erziehungsurlaubs, in der dem Berechtigten kein Erziehungsgeld gewährt wird, der Nachrang der Sozialhilfe und insbesondere auch § 18 Abs. 1 des Bundessozialhilfegesetzes.

(2) Auf Rechtsvorschriften beruhende Leistungen anderer, auf die kein Anspruch besteht, dürfen nicht deshalb versagt werden, weil in diesem Gesetz Leistungen vorgesehen sind.

(3) Die dem Erziehungsgeld und dem Mutterschaftsgeld vergleichbaren Leistungen, die im Ausland in Anspruch genommen werden können, sind, soweit sich aus dem vorrangigen Recht der Europäischen Union über Familienleistungen nichts Abweichendes ergibt, anzurechnen und sie schließen insoweit Erziehungsgeld aus.

§ 9 Unterhaltspflichten

Unterhaltsverpflichtungen werden durch die Gewährung des Erziehungsgeldes und anderer vergleichbarer Leistungen der Länder nicht berührt. Dies gilt nicht in den Fällen des § 1361 Abs. 3, der §§ 1579, 1603 Abs. 2 und des § 1611 Abs. 1 des Bürgerlichen Gesetzbuchs.

§ 10 Zuständigkeit

Die Landesregierungen oder die von ihnen beauftragten Stellen bestimmen die für die Ausführung dieses Gesetzes zuständigen Behörden. Diesen Behörden obliegt auch die Beratung zum Erziehungsurlaub.

§ 11 Kostentragung

Der Bund trägt die Ausgaben für das Erziehungsgeld.

§ 12 Einkommens- und Arbeitszeitnachweis; Auskunftspflicht des Arbeitgebers

(1) § 60 Abs. 1 des Ersten Buches Sozialgesetzbuch gilt auch für den Ehegatten oder Lebenspartner des Antragstellers und für den Partner der eheähnlichen Gemeinschaft.

(2) Soweit es zum Nachweis des Einkommens oder der wöchentlichen Arbeitszeit erforderlich ist, hat der Arbeitgeber dem Arbeitnehmer dessen Brutto-Arbeitsentgelt und Sonderzuwendungen sowie die Arbeitszeit zu bescheinigen.

(3) Die Erziehungsgeldstelle kann eine schriftliche Erklärung des Arbeitgebers oder des Selbstständigen darüber verlangen, ob und wie lange der Erziehungsurlaub beziehungsweise die Unterbrechung der Erwerbstätigkeit andauert oder eine Teilzeittätigkeit nach § 2 Abs. 1 ausgeübt wird.

§ 13 Rechtsweg

Über öffentlich-rechtliche Streitigkeiten in Angelegenheiten der §§ 1 bis 12 entscheiden die Gerichte der Sozialgerichtsbarkeit. Die für Rechtsstreitigkeiten in Angelegenheiten der Rentenversicherung anzuwendenden Vorschriften gelten entsprechend. § 85 Abs. 2 Nr. 2 des Sozialgerichtsgesetzes gilt mit der Maßgabe, dass die zuständige Stelle nach § 10 bestimmt wird.

§ 14 Bußgeldvorschrift

(1) Ordnungswidrig handelt, wer vorsätzlich oder fahrlässig
1. entgegen § 60 Abs. 1 Nr. 1 oder 3 des Ersten Buches Sozialgesetzbuch in Verbindung mit § 12 Abs. 1 auf Verlangen die leistungserheblichen Tatsachen nicht angibt oder Beweisurkunden nicht vorlegt,
2. entgegen § 60 Abs. 1 Nr. 2 des Ersten Buches Sozialgesetzbuch eine Änderung in den Verhältnissen, die für den Anspruch auf Erziehungsgeld erheblich ist, der nach § 10 zuständigen Behörde nicht, nicht richtig, nicht vollständig oder nicht rechtzeitig mitteilt,
3. entgegen § 12 Abs. 2 auf Verlangen eine Bescheinigung nicht, nicht richtig oder nicht vollständig ausfüllt oder
4. einer vollziehbaren Anordnung nach § 12 Abs. 3 zuwiderhandelt.

(2) Die Ordnungswidrigkeit kann mit einer Geldbuße geahndet werden.

(3) Verwaltungsbehörden im Sinne des § 36 Abs. 1 Nr. 1 des Gesetzes über Ordnungswidrigkeiten sind die nach § 10 zuständigen Behörden.

Zweiter Abschnitt
Elternzeit für Arbeitnehmer und Arbeitnehmerinnen

§ 15 Anspruch auf Erziehungsurlaub

(1) Arbeitnehmerinnen und Arbeitnehmer haben Anspruch auf Elternzeit, wenn sie mit einem Kind
1. a) für das ihnen die Personensorge zusteht,
   b) des Ehegatten oder Lebenspartners,
   c) das sie mit dem Ziel der Annahme als Kind in ihre Obhut aufgenommen haben, oder
   d) für das sie auch ohne Personensorgerecht in den Fällen des § 1 Abs. 1 Satz 3 oder Abs. 3 Nr. 3 oder im besonderen Härtefall des § 1 Abs. 5 Erziehungsgeld beziehen können,
   in einem Haushalt leben und
2. dieses Kind selbst betreuen und erziehen.

Bei einem leiblichen Kind eines nicht sorgeberechtigten Elternteils ist die Zustimmung des sorgeberechtigten Elternteils erforderlich.

(2) Der Anspruch auf Elternzeit besteht bis zur Vollendung des dritten Lebensjahres eines Kindes; ein Anteil von bis zu zwölf Monaten ist mit Zustimmung des Arbeitgebers auf die Zeit bis zur Vollendung des achten Lebensjahres übertragbar. Bei einem angenommenen Kind und bei einem Kind in Adoptionspflege kann Elternzeit von insgesamt bis zu drei Jahren ab der Inobhutnahme, längstens bis zur Vollendung des achten Lebensjahres des Kindes genommen werden. Satz 1 Halbsatz 2 ist entsprechend anwendbar, soweit er die zeitliche Aufteilung regelt. Der Anspruch kann nicht durch Vertrag ausgeschlossen oder beschränkt werden.

(3) Die Elternzeit kann, auch anteilig, von jedem Elternteil allein oder von beiden Elternteilen gemeinsam genommen werden, sie ist jedoch auf bis zu drei Jahre für jedes Kind begrenzt. Die Zeit der Mutterschutzfrist nach § 6 Abs. 1 des Mutterschutzgesetzes wird auf diese Begrenzung angerechnet, soweit nicht die Anrechnung wegen eines besonderen Härtefalles (§ 1 Abs. 5) unbillig ist. Satz 1 gilt entsprechend für Adoptiveltern und Adoptivpflegeeltern.

(4) Während der Elternzeit ist Erwerbstätigkeit zulässig, wenn die vereinbarte wöchentliche Arbeitszeit für jeden Elternteil, der eine Elternzeit nimmt, nicht 30 Stunden übersteigt. Teilzeitarbeit bei einem anderen Arbeitgeber oder als Selbstständiger bedarf der Zustimmung des Arbeitgebers. Er kann sie nur innerhalb von vier Wochen aus dringenden betrieblichen Gründen schriftlich ablehnen.

(5) Über den Antrag auf eine Verringerung der Arbeitszeit und ihre Ausgestaltung sollen sich Arbeitnehmer und Arbeitgeber innerhalb von vier Wochen einigen. Unberührt bleibt das Recht des Arbeitnehmers, sowohl seine vor der Elternzeit bestehende Teilzeitarbeit unverändert während der Elternzeit fortzusetzen, soweit Absatz 4 beachtet ist, als auch nach der Elternzeit zu der Arbeitszeit zurückzukehren, die er vor Beginn der Elternzeit hatte.

(6) Der Arbeitnehmer kann gegenüber dem Arbeitgeber, soweit eine Einigung nach Absatz 5 nicht möglich ist, unter den Voraussetzungen des Absatzes 7 während der Gesamtdauer der Elternzeit zweimal eine Verringerung seiner Arbeitszeit beanspruchen.

(7) Für den Anspruch auf Verringerung der Arbeitszeit gelten folgende Voraussetzungen:

1. Der Arbeitgeber beschäftigt, unabhängig von der Anzahl der Personen in Berufsbildung, in der Regel mehr als 15 Arbeitnehmer;
2. das Arbeitsverhältnis des Arbeitnehmers in demselben Betrieb oder Unternehmen besteht ohne Unterbrechung länger als sechs Monate;
3. die vertraglich vereinbarte regelmäßige Arbeitszeit soll für mindestens drei Monate auf einen Umfang zwischen 15 und 30 Wochenstunden verringert werden;
4. dem Anspruch stehen keine dringenden betrieblichen Gründe entgegen und
5. der Anspruch wurde dem Arbeitgeber acht Wochen vorher schrift- lich mitgeteilt.

Falls der Arbeitgeber die beanspruchte Verringerung der Arbeitszeit ablehnen will, muss er dies innerhalb von vier Wochen mit schriftlicher Begründung tun. Der Arbeitnehmer kann, soweit der Arbeitgeber der Verringerung der Arbeitszeit nicht oder nicht rechtzeitig zustimmt, Klage vor den Gerichten für Arbeitssachen erheben.

§ 16 Inanspruchnahme der Elternzeit

(1) Arbeitnehmerinnen und Arbeitnehmer müssen die Elternzeit, wenn sie unmittelbar nach der Geburt des Kindes oder nach der Mutterschutzfrist (§15 Abs. 3 Satz 2) beginnen soll, spätestens sechs Wochen, sonst spätestens acht Wochen vor Beginn schriftlich vom Arbeitgeber verlangen und gleichzeitig erklären, für welche Zeiten innerhalb von zwei Jahren sie Elternzeit nehmen werden. Bei dringenden Gründen ist ausnahmsweise auch eine angemessene kürzere Frist möglich. Der Arbeitgeber soll die Elternzeit bescheinigen. Die von den Elternteilen allein oder gemeinsam genommene Elternzeit darf insgesamt auf bis zu vier Zeitabschnitte verteilt werden. Bei Zweifeln hat die Erziehungsgeldstelle auf Antrag des Arbeitgebers zu der Frage Stellung zu nehmen, ob die Voraussetzungen für die Elternzeit vorliegen. Der Antrag des Arbeitgebers bedarf der Zustimmung des Arbeitnehmers, wenn die Erziehungsgeldstelle Einzelangaben über persönliche oder sachliche Verhältnisse des Arbeitnehmers benötigt. Die Erziehungsgeldstelle kann für ihre Stellungnahme vom Arbeitgeber und Arbeitnehmer die Abgabe von Erklärungen und die Vorlage von Bescheinigungen verlangen. Die Bun-

desregierung kann mit Zustimmung des Bundesrates allgemeine Verwaltungsvorschriften zur Durchführung der Sätze 5 bis 7 erlassen.

(2) Können Arbeitnehmerinnen und Arbeitnehmer aus einem von ihnen nicht zu vertretenden Grund eine sich unmittelbar an die Mutterschutzfrist des § 6 Abs. 1 des Mutterschutzgesetzes anschließende Elternzeit nicht rechtzeitig verlangen, können sie dies innerhalb einer Woche nach Wegfall des Grundes nachholen.

(3) Die Elternzeit kann vorzeitig beendet oder im Rahmen des § 15 Abs. 1 verlängert werden, wenn der Arbeitgeber zustimmt. Die vorzeitige Beendigung wegen der Geburt eines weiteren Kindes oder wegen eines besonderen Härtefalles (§ 1 Abs. 5) kann der Arbeitgeber nur innerhalb von vier Wochen aus dringenden betrieblichen Gründen schriftlich ablehnen. Die Arbeitnehmerin kann ihre Elternzeit nicht wegen der Mutterschutzfristen des § 3 Abs. 2 und § 6 Abs. 1 des Mutterschutzgesetzes vorzeitig beenden; dies gilt nicht während ihrer zulässigen Teilzeitarbeit. Eine Verlängerung kann verlangt werden, wenn ein vorgesehener Wechsel in der Anspruchsberechtigung aus einem wichtigen Grund nicht erfolgen kann.

(4) Stirbt das Kind während der Elternzeit, endet diese spätestens drei Wochen nach dem Tod des Kindes.

(5) Eine Änderung in der Anspruchsberechtigung hat der Arbeitnehmer dem Arbeitgeber unverzüglich mitzuteilen.

§ 17 Urlaub

(1) Der Arbeitgeber kann den Erholungsurlaub, der dem Arbeitnehmer für das Urlaubsjahr aus dem Arbeitsverhältnis zusteht, für jeden vollen Kalendermonat, für den der Arbeitnehmer Elternzeit nimmt, um ein Zwölftel kürzen. Satz 1 gilt nicht, wenn der Arbeitnehmer während der Elternzeit bei seinem Arbeitgeber Teilzeitarbeit leistet.

(2) Hat der Arbeitnehmer den ihm zustehenden Urlaub vor dem Beginn der Elternzeit nicht oder nicht vollständig erhalten, so hat der Arbeitgeber den Resturlaub nach der Elternzeit im laufenden oder im nächsten Urlaubsjahr zu gewähren.

(3) Endet das Arbeitsverhältnis während der Elternzeit oder setzt der Arbeitnehmer im Anschluss an die Elternzeit das Arbeitsverhältnis nicht

fort, so hat der Arbeitgeber den noch nicht gewährten Urlaub abzugelten.

(4) Hat der Arbeitnehmer vor dem Beginn der Elternzeit mehr Urlaub erhalten, als ihm nach Absatz 1 zusteht, so kann der Arbeitgeber den Urlaub, der dem Arbeitnehmer nach dem Ende der Elternzeit zusteht, um die zu viel gewährten Urlaubstage kürzen.

§ 18 Kündigungsschutz

(1) Der Arbeitgeber darf das Arbeitsverhältnis ab dem Zeitpunkt, von dem an Elternzeit verlangt worden ist, höchstens jedoch sechs Wochen vor Beginn der Elternzeit, und während der Elternzeit nicht kündigen. In besonderen Fällen kann ausnahmsweise eine Kündigung für zulässig erklärt werden. Die Zulässigkeitserklärung erfolgt durch die für den Arbeitsschutz zuständige oberste Landesbehörde oder die von ihr bestimmte Stelle. Die Bundesregierung kann mit Zustimmung des Bundesrates allgemeine Verwaltungsvorschriften zur Durchführung des Satzes 2 erlassen.

(2) Absatz 1 gilt entsprechend, wenn der Arbeitnehmer
1. während der Elternzeit bei seinem Arbeitgeber Teilzeitarbeit leistet oder
2. ohne Elternzeit in Anspruch zu nehmen, bei seinem Arbeitgeber Teilzeitarbeit leistet und Anspruch auf Erziehungsgeld hat oder nur deshalb nicht hat, weil das Einkommen (§ 6) die Einkommensgrenzen (§ 5 Abs. 2) übersteigt. Der Kündigungsschutz nach Nummer 2 besteht nicht, solange kein Anspruch auf Elternzeit nach § 15 besteht.

§ 19 Kündigung zum Ende der Elternzeit

Der Arbeitnehmer kann das Arbeitsverhältnis zum Ende der Elternzeit nur unter Einhaltung einer Kündigungsfrist von drei Monaten kündigen.

§ 20 Zur Berufsbildung Beschäftigte; in Heimarbeit Beschäftigte

(1) Die zu ihrer Berufsbildung Beschäftigten gelten als Arbeitnehmer im Sinne dieses Gesetzes. Die Elternzeit wird auf Berufsbildungszeiten nicht angerechnet.

(2) Anspruch auf Elternzeit haben auch die in Heimarbeit Beschäftigten und die ihnen Gleichgestellten (§ 1 Abs. 1 und 2 des Heimarbeitsgesetzes), soweit sie am Stück mitarbeiten. Für sie tritt an die Stelle des Arbeitgebers der Auftraggeber oder Zwischenmeister und an die Stelle des Arbeitsverhältnisses das Beschäftigungsverhältnis.

§ 21 Befristete Arbeitsverträge

(1) Ein sachlicher Grund, der die Befristung eines Arbeitsverhältnisses rechtfertigt, liegt vor, wenn ein Arbeitnehmer zur Vertretung eines anderen Arbeitnehmers für Zeiten eines Beschäftigungsverbotes nach dem Mutterschutzgesetz, einer Elternzeit, einer auf Tarifvertrag, Betriebsvereinbarung oder einzelvertraglicher Vereinbarung beruhenden Arbeitsfreistellung zur Betreuung eines Kindes oder für diese Zeiten zusammen oder für Teile davon eingestellt wird.

(2) Über die Dauer der Vertretung nach Absatz 1 hinaus ist die Befristung für notwendige Zeiten einer Einarbeitung zulässig.

(3) Die Dauer der Befristung des Arbeitsvertrages muss kalendermäßig bestimmt oder bestimmbar oder den in den Absätzen 1 und 2 genannten Zwecken zu entnehmen sein.

(4) Der Arbeitgeber kann den befristeten Arbeitsvertrag unter Einhaltung einer Frist von mindestens drei Wochen, jedoch frühestens zum Ende der Elternzeit, kündigen, wenn die Elternzeit ohne Zustimmung des Arbeitgebers vorzeitig endet und der Arbeitnehmer die vorzeitige Beendigung seiner Elternzeit mitgeteilt hat. Satz 1 gilt entsprechend, wenn der Arbeitgeber die vorzeitige Beendigung der Elternzeit in den Fällen des § 16 Abs. 3 Satz 2 nicht ablehnen darf.

(5) Das Kündigungsschutzgesetz ist im Falle des Absatzes 4 nicht anzuwenden.

(6) Absatz 4 gilt nicht, soweit seine Anwendung vertraglich ausgeschlossen ist.

(7) Wird im Rahmen arbeitsrechtlicher Gesetze oder Verordnungen auf die Zahl der beschäftigten Arbeitnehmer abgestellt, so sind bei der Ermittlung dieser Zahl Arbeitnehmer, die sich in der Elternzeit befinden oder zur Betreuung eines Kindes freigestellt sind, nicht mitzuzählen, solange für sie auf Grund von Absatz 1 ein Vertreter eingestellt ist. Dies gilt nicht, wenn der Vertreter nicht mitzuzählen ist. Die Sätze 1 und 2 gelten entsprechend, wenn im Rahmen arbeitsrechtlicher Gesetze oder Verordnungen auf die Zahl der Arbeitsplätze abgestellt wird.

Dritter Abschnitt
Übergangs- und Schlussvorschriften

§ 22 Ergänzendes Verfahren zum Erziehungsgeld

(1) Soweit dieses Gesetz zum Erziehungsgeld keine ausdrückliche Regelung trifft, ist bei der Ausführung des Ersten Abschnitts das Erste Kapitel des Zehnten Buches Sozialgesetzbuch anzuwenden.

(2) Steigt die Anzahl der Kinder oder treten die Voraussetzungen nach § 1 Abs. 5, § 5 Abs. 1 Satz 4 zweiter Halbsatz, § 6 Abs. 1 Nr. 3, Abs. 6 und 7 nach der Entscheidung über das Erziehungsgeld ein, werden sie mit Ausnahme des § 6 Abs. 6 nur auf Antrag berücksichtigt. Soweit diese Voraussetzungen danach wieder entfallen, ist das unerheblich. Die Regelungen nach § 4 Abs. 3, § 5 Abs. 1 Satz 2, 3 und § 12 Abs. 1 und 3 bleiben unberührt.

(3) Mit Ausnahme von Absatz 2 sind nachträgliche Veränderungen im Familienstand einschließlich der Familiengröße und im Einkommen nicht zu berücksichtigen.

(4) In den Fällen des Absatzes 2 und, mit Ausnahme von Absatz 3, bei sonstigen wesentlichen Veränderungen in den tatsächlichen oder rechtlichen Verhältnissen, die für den Anspruch auf Erziehungsgeld erheblich sind, ist über das Erziehungsgeld mit Beginn des nächsten Lebensmonats nach der wesentlichen Änderung der Verhältnisse durch Aufhebung oder Änderung des Bescheides neu zu entscheiden. § 4 Abs. 2 Satz 3, Abs. 3 bleibt unberührt.

(5) § 331 des Dritten Buches Sozialgesetzbuch gilt mit der Maßgabe entsprechend, dass an die Stelle der Monatsfrist in Absatz 2 eine Frist von sechs Wochen tritt.

§ 23 Statistik

(1) Zum Erziehungsgeld und zum gleichzeitigen Erziehungsurlaub werden nach diesem Gesetz bundesweit statistische Angaben (Statistik) erfasst.

(2) Die Statistik erfasst jährlich für das vorangegangene Kalenderjahr für jede Bewilligung von Erziehungsgeld, jeweils im ersten und zweiten Lebensjahr des Kindes, folgende Erhebungsmerkmale des Empfängers:

1. Geschlecht,
2. (a) Deutscher, (b) Ausländer (davon EU-/EWR-Bürger); zu (a) und (b) jeweils gewöhnlicher Aufenthalt in Deutschland, im Ausland (davon EU-/EWR-Gebiet),
3. Familienstand (verheiratet zusammenlebend, in eingetragener Lebenspartnerschaft zusammenlebend, alleinstehend, eheähnliche Lebensgemeinschaft),
4. Dauer des Erziehungsgeldbezugs je Kind (nur bis zum sechsten, über den sechsten bis zum zwölften, über den zwölften Lebensmonat des Kindes hinaus) und Anzahl der Kinder des Empfängers (ein, zwei, drei, vier und mehr Kinder),
5. Höhe des monatlichen Erziehungsgeldes je Kind während der ersten sechs Lebensmonate (307 EURO, 460 EURO),
6. Höhe des monatlichen Erziehungsgeldes je Kind über den sechsten Lebensmonat hinaus (bis 102 EURO, 103 bis 204 EURO, 205 bis 306 EURO, 307 EURO, 308 EURO bis 383 EURO, 384 bis 459 EURO, 460 EURO),
7. Beteiligung am Erwerbsleben während des Erziehungsgeldbezugs (abhängige Beschäftigung, Selbstständigkeit),
8. Elternzeit aus Anlass des Erziehungsgeldbezugs [davon: a) mit und ohne gleichzeitige Teilzeitbeschäftigung; b) gemeinsame Elternzeit beider Elternteile], Dauer der (persönlichen, gemeinsamen) Elternzeit bis zum 12., über den 12. Lebensmonat des Kindes hinaus.

(3) Hilfsmerkmale sind Geburtsjahr und -monat des Kindes sowie Namen und Anschrift der zuständigen Behörde (§ 10).

(4) Die nach § 10 bestimmten zuständigen Behörden erfassen die statistischen Angaben. Diese sind jährlich bis zum 30. Juni des folgenden Jahres dem Bundesministerium für Familie, Senioren, Frauen und Jugend mitzuteilen.

§ 24 Übergangsvorschriften; Bericht

(1) Für die vor dem 1. Januar 2001 geborenen Kinder oder die vor diesem Zeitpunkt mit dem Ziel der Adoption in Obhut genommenen Kinder sind die Vorschriften dieses Gesetzes in der bis zum 31. Dezember 2000 geltenden Fassung weiter anzuwenden. Die in diesem Gesetz genannten EURO-Beträge und EURO-Bezeichnungen sowie der CENT-Betrag gelten erstmalig für Kinder, die ab dem 1. Januar 2002 geboren oder mit dem Ziel der Adoption in Obhut genommen wurden. Für die im Jahr 2001 geborenen oder mit dem Ziel der Adoption in Obhut genommenen Kinder gelten die in diesem Gesetz genannten Deutsche Mark/Pfennig-Beträge und -Bezeichnungen weiter.

(2) Die Bundesregierung legt dem Deutschen Bundestag bis zum 1. Juli 2004 einen Bericht über die Auswirkungen der §§ 15 und 16 (Erziehungsurlaub und Teilzeitarbeit im Erziehungsurlaub) auf Arbeitnehmerinnen, Arbeitnehmer und Arbeitgeber sowie über die gegebenenfalls notwendige Weiterentwicklung dieser Vorschriften vor.

Gesetz zum Schutze
der arbeitenden Jugend

(Jugendarbeitsschutzgesetz – JArbSchG)

Vom 12. April 1976 (BGBl. I S. 965)

Zuletzt geändert durch Gesetz vom 21. Dezember 2000
(BGBl. I S. 1983)

Erster Abschnitt
Allgemeine Vorschriften

§ 1 Geltungsbereich

(1) Dieses Gesetz gilt für die Beschäftigung von Personen, die noch nicht 18 Jahre alt sind,
1. in der Berufsausbildung,
2. als Arbeitnehmer oder Heimarbeiter,
3. mit sonstigen Dienstleistungen, die der Arbeitsleistung von Arbeitnehmern oder Heimarbeitern ähnlich sind,
4. in einem der Berufsausbildung ähnlichen Ausbildungsverhältnis.

(2) Dieses Gesetz gilt nicht
1. für geringfügige Hilfeleistungen, soweit sie gelegentlich
   a) aus Gefälligkeit
   b) auf Grund familienrechtlicher Vorschriften
   c) in Einrichtungen der Jugendhilfe
   d) in Einrichtungen zur Eingliederung Behinderter
   erbracht werden,
2. für die Beschäftigung durch die Personensorgeberechtigten im Familienhaushalt.

§ 2 Kind, Jugendlicher

(1) Kind im Sinne dieses Gesetzes ist, wer noch nicht 15 Jahre alt ist.

(2) Jugendlicher im Sinne dieses Gesetzes ist, wer 15, aber noch nicht 18 Jahre alt ist.

(3) Auf Jugendliche, die der Vollzeitschulpflicht unterliegen, finden die für Kinder geltenden Vorschriften Anwendung.

§ 3 Arbeitgeber

Arbeitgeber im Sinne dieses Gesetzes ist, wer ein Kind oder einen Jugendlichen gemäß § 1 beschäftigt.

§ 4 Arbeitszeit

(1) Tägliche Arbeitszeit ist die Zeit vom Beginn bis zum Ende der täglichen Beschäftigung ohne die Ruhepausen (§ 11).

(2) Schichtzeit ist die tägliche Arbeitszeit unter Hinzurechnung der Ruhepausen (§ 11).

(3) Im Bergbau unter Tage gilt die Schichtzeit als Arbeitszeit. Sie wird gerechnet vom Betreten des Förderkorbes bei der Einfahrt bis zum Verlassen des Förderkorbes bei der Ausfahrt oder vom Eintritt des einzelnen Beschäftigten in das Stollenmundloch bis zu seinem Wiederaustritt.

(4) Für die Berechnung der wöchentlichen Arbeitszeit ist als Woche die Zeit von Montag bis einschließlich Sonntag zugrunde zu legen. Die Arbeitszeit, die an einem Werktag infolge eines gesetzlichen Feiertags ausfällt, wird auf die wöchentliche Arbeitszeit angerechnet.

(5) Wird ein Kind oder Jugendlicher von mehreren Arbeitgebern beschäftigt, so werden die Arbeits- und Schichtzeiten sowie die Arbeitstage zusammengerechnet.

Zweiter Abschnitt
Beschäftigung von Kindern

§ 5 Verbot der Beschäftigung von Kindern

(1) Die Beschäftigung von Kindern (§ 2 Abs. 1) ist verboten.

(2) Das Verbot des Absatzes 1 gilt nicht für die Beschäftigung von Kindern

1. zum Zwecke der Beschäftigungs- und Arbeitstherapie,
2. im Rahmen des Betriebspraktikums während der Vollzeitschulpflicht,
3. in Erfüllung einer richterlichen Weisung.

Auf die Beschäftigung finden § 7 Satz 1 Nr. 2 und die §§ 9 bis 46 entsprechende Anwendung.

(3) Das Verbot des Absatzes 1 gilt ferner nicht für die Beschäftigung von Kindern über 13 Jahre mit Einwilligung des Personensorgeberechtigten, soweit die Beschäftigung leicht und für Kinder geeignet ist. Die Beschäftigung ist leicht, wenn sie auf Grund ihrer Beschaffenheit und der besonderen Bedingungen, unter denen sie ausgeführt wird,
1. die Sicherheit, Gesundheit und Entwicklung der Kinder,
2. ihren Schulbesuch, ihre Beteiligung an Maßnahmen zur Berufswahlvorbereitung oder Berufsausbildung, die von der zuständigen Stelle anerkannt sind, und
3. ihre Fähigkeit, dem Unterricht mit Nutzen zu folgen,
nicht nachteilig beeinflußt. Die Kinder dürfen nicht mehr als zwei Stunden täglich, in landwirtschaftlichen Familienbetrieben nicht mehr als drei Stunden täglich, nicht zwischen 18 und 8 Uhr, nicht vor dem Schulunterricht und nicht während des Schulunterrichts beschäftigt werden. Auf die Beschäftigung finden die §§ 15 bis 31 entsprechende Anwendung.

(4) Das Verbot des Absatzes 1 gilt ferner nicht für die Beschäftigung von Jugendlichen (§ 2 Abs. 3) während der Schulferien für höchstens vier Wochen im Kalenderjahr. Auf die Beschäftigung finden die §§ 8 bis 31 entsprechende Anwendung.

(4a) Die Bundesregierung hat durch Rechtsverordnung mit Zustimmung des Bundesrates die Beschäftigung nach Absatz 3 näher bestimmt.

(4b) Der Arbeitgeber unterrichtet die Personensorgeberechtigten der von ihm beschäftigten Kinder über mögliche Gefahren sowie über alle zu ihrer Sicherheit und ihrem Gesundheitsschutz getroffenen Maßnahmen.

(5) Für Veranstaltungen kann die Aufsichtsbehörde Ausnahmen gemäß § 6 bewilligen.

§ 6 Behördliche Ausnahmen für Veranstaltungen

(1) Die Aufsichtsbehörde kann auf Antrag bewilligen, daß
1. bei Theatervorstellungen Kinder über sechs Jahre bis zu vier Stunden täglich in der Zeit von 10 bis 23 Uhr,
2. bei Musikaufführungen und anderen Aufführungen, bei Werbeveranstaltungen sowie bei Aufnahmen im Rundfunk (Hörfunk und Fernsehen), auf Ton- und Bildträger sowie bei Film- und Fotoaufnahmen
   a) Kinder über drei bis sechs Jahre bis zu zwei Stunden täglich in der Zeit von 8 bis 17 Uhr,
   b) Kinder über sechs Jahre bis zu drei Stunden täglich in der Zeit von 8 bis 22 Uhr

gestaltend mitwirken und an den erforderlichen Proben teilnehmen. Eine Ausnahme darf nicht bewilligt werden für die Mitwirkung in Kabaretts, Tanzlokalen und ähnlichen Betrieben sowie auf Vergnügungsparks, Kirmessen, Jahrmärkten und bei ähnlichen Veranstaltungen, Schaustellungen oder Darbietungen.

(2) Die Aufsichtsbehörde darf nach Anhörung des zuständigen Jugendamtes die Beschäftigung nur bewilligen, wenn
1. die Personensorgeberechtigten in die Beschäftigung schriftlich eingewilligt haben,
2. der Aufsichtsbehörde eine länger als vor drei Monaten ausgestellte ärztliche Bescheinigung vorgelegt wird, nach der gesundheitliche Bedenken gegen die Beschäftigung nicht bestehen,
3. die erforderlichen Vorkehrungen und Maßnahmen zum Schutze des Kindes gegen Gefahren für Leben und Gesundheit sowie zur Vermeidung einer Beeinträchtigung der körperlichen oder seelisch-geistigen Entwicklung getroffen sind,
4. Betreuung und Beaufsichtigung des Kindes bei der Beschäftigung sichergestellt sind,

5. nach Beendigung der Beschäftigung eine ununterbrochene Freizeit von mindestens 14 Stunden eingehalten wird,
6. das Fortkommen in der Schule nicht beeinträchtigt wird.

(3) Die Aufsichtsbehörde bestimmt,
1. wie lange, zu welcher Zeit und an welchem Tage das Kind beschäftigt werden darf,
2. Dauer und Lage der Ruhepausen,
3. die Höchstdauer des täglichen Aufenthaltes an der Beschäftigungsstätte.

(4) Die Entscheidung der Aufsichtsbehörde ist dem Arbeitgeber schriftlich bekanntzugeben. Er darf das Kind erst nach Empfang des Bewilligungsbescheides beschäftigen.

§ 7 Beschäftigung von nicht vollzeitschulpflichtigen Kindern

Kinder, die der Vollzeitschulpflicht nicht mehr unterliegen, dürfen
1. im Berufsausbildungsverhältnis,
2. außerhalb eines Berufsausbildungsverhältnisses nur mit leichten und für sie geeigneten Tätigkeiten bis zu sieben Stunden täglich und 35 Stunden wöchentlich
beschäftigt werden. Auf die Beschäftigung finden die §§ 8 bis 46 entsprechende Anwendung.

Dritter Abschnitt
Beschäftigung Jugendlicher

Erster Titel
Arbeitszeit und Freizeit

§ 8 Dauer der Arbeitszeit

(1) Jugendliche dürfen nicht mehr als acht Stunden täglich und nicht mehr als 40 Stunden wöchentlich beschäftigt werden.

(2) Wenn in Verbindung mit Feiertagen an Werktagen nicht gearbeitet wird, damit die Beschäftigten eine längere zusammenhängende Freizeit haben, so darf die ausfallende Arbeitszeit auf die Werktage von fünf zusammenhängenden, die Ausfalltage einschließenden Wochen nur dergestalt verteilt werden, daß die Wochenarbeitszeit im Durchschnitt dieser fünf Wochen 40 Stunden nicht überschreitet. Die tägliche Arbeitszeit darf hierbei achteinhalb Stunden nicht überschreiten.

(2a) Wenn an einzelnen Werktagen die Arbeitszeit auf weniger als 8 Stunden verkürzt ist, können Jugendliche an den übrigen Werktagen derselben Woche achteinhalb Stunden beschäftigt werden.

(3) In der Landwirtschaft dürfen Jugendliche über 16 Jahre während der Erntezeit nicht mehr als neun Stunden täglich und nicht mehr als 85 Stunden in der Doppelwoche beschäftigt werden.

§ 9 Berufsschule

(1) Der Arbeitgeber hat den Jugendlichen für die Teilnahme am Berufsschulunterricht freizustellen. Er darf den Jugendlichen nicht beschäftigen
1. vor einem vor 9 Uhr beginnenden Unterricht: dies gilt auch für Personen, die über 18 Jahre alt und noch berufsschulpflichtig sind,
2. an einem Berufsschultag mit mehr als 5 Unterrichtsstunden von mindestens je 45 Minuten, einmal in der Woche,
3. in Berufsschulwochen mit einem planmäßigen Blockunterricht von mindestens 25 Stunden an mindestens fünf Tagen; zusätzliche betriebliche Ausbildungsveranstaltungen bis zu zwei Stunden wöchentlich sind zulässig.

(2) Auf die Arbeitszeit werden angerechnet
1. Berufsschultage nach Absatz 1 Nr. 2 mit acht Stunden,
2. Berufsschulwochen nach Absatz 1 Nr. 3 mit 40 Stunden,
3. im übrigen die Unterrichtszeit einschließlich der Pausen.

(3) Ein Entgeltausfall darf durch den Besuch der Berufsschule nicht eintreten.

(4) (aufgehoben)

§ 10 Prüfungen und außerbetriebliche Ausbildungsmaßnahmen

(1) Der Arbeitgeber hat den Jugendlichen
1. für die Teilnahme an Prüfungen und Ausbildungsmaßnahmen, die auf Grund öffentlich-rechtlicher oder vertraglicher Bestimmungen außerhalb der Ausbildungsstätte durchzuführen sind,
2. an dem Arbeitstag, der der schriftlichen Abschlußprüfung unmittelbar vorangeht,
freizustellen.

(2) Auf die Arbeitszeit werden angerechnet
1. die Freistellung nach Absatz 1 Nr. 1 mit der Zeit der Teilnahme einschließlich der Pausen,
2. die Freistellung nach Absatz 1 Nr. 2 mit acht Stunden.
Ein Entgeltausfall darf nicht eintreten.

§ 11 Ruhepausen, Aufenthaltsräume

(1) Jugendlichen müssen im voraus feststehende Ruhepausen von angemessener Dauer gewährt werden. Die Ruhepausen müssen mindestens betragen
1. 30 Minuten bei einer Arbeitszeit von mehr als viereinhalb bis zu sechs Stunden,
2. 60 Minuten bei einer Arbeitszeit von mehr als sechs Stunden.
Als Ruhepause gilt nur eine Arbeitsunterbrechung von mindestens 15 Minuten.

(2) Die Ruhepausen müssen in angemessener zeitlicher Lage gewährt werden, frühestens eine Stunde nach Beginn und spätestens eine Stunde vor Ende der Arbeitszeit. Länger als viereinhalb Stunden hintereinander dürfen Jugendliche nicht ohne Ruhepause beschäftigt werden.

(3) Der Aufenthalt während der Ruhepausen in Arbeitsräumen darf den Jugendlichen nur gestattet werden, wenn die Arbeit in diesen Räumen während dieser Zeit eingestellt ist und auch sonst die notwendige Erholung nicht beeinträchtigt wird.

(4) Abs. 3 gilt nicht für den Bergbau unter Tage.

§ 12 Schichtzeit

Bei der Beschäftigung Jugendlicher darf die Schichtzeit (§ 4 Abs. 2) 10 Stunden, im Bergbau unter Tage 8 Stunden, im Gaststättengewerbe, in der Landwirtschaft, in der Tierhaltung, auf Bau- und Montagestellen 11 Stunden nicht überschreiten.

§ 13 Tägliche Freizeit

Nach Beendigung der täglichen Arbeitszeit dürfen Jugendliche nicht vor Ablauf einer ununterbrochenen Freizeit von mindestens 12 Stunden beschäftigt werden.

§ 14 Nachtruhe

(1) Jugendliche dürfen nur in der Zeit von 6 bis 20 Uhr beschäftigt werden.

(2) Jugendliche über 16 Jahre dürfen
1. im Gaststätten- und Schaustellergewerbe bis 22 Uhr,
2. in mehrschichtigen Betrieben bis 23 Uhr,
3. in der Landwirtschaft ab 5 Uhr oder bis 21 Uhr,
4. in Bäckereien und Konditoreien ab 5 Uhr
beschäftigt werden.

(3) Jugendliche über 17 Jahre dürfen in Bäckereien ab 4 Uhr beschäftigt werden.

(4) An dem einem Berufsschultag unmittelbar vorangehenden Tag dürfen Jugendliche auch nach Abs. 2 Nr. 1 bis 3 nach 20 Uhr beschäftigt werden, wenn der Berufsschulunterricht am Berufsschultag nicht vor 9 Uhr beginnt.

(5) Nach vorheriger Anzeige an die Aufsichtsbehörde dürfen in Betrieben, in denen die übliche Arbeitszeit aus verkehrstechnischen Gründen nach 20 Uhr endet, Jugendliche bis 21 Uhr beschäftigt werden, soweit sie hierdurch unnötige Wartezeiten vermeiden können. Nach vorheriger Anzeige an die Aufsichtsbehörde dürfen ferner in mehrschichtigen Betrieben Jugendliche über 16 Jahren ab 5.30 Uhr oder bis 23.30 Uhr beschäftigt werden, soweit sie hierdurch unnötige Wartezeiten vermeiden können.

(6) Die Aufsichtsbehörde kann bewilligen, daß Jugendliche in Betrieben, in denen die Beschäftigten in außergewöhnlichem Grade der Einwirkung von Hitze ausgesetzt sind, in der warmen Jahreszeit ab 5 Uhr beschäftigt werden.

(7) Die Aufsichtsbehörde kann auf Antrag bewilligen, daß Jugendliche bei Musikaufführungen, Theatervorstellungen und anderen Aufführungen, bei Aufnahmen im Rundfunk (Hörfunk und Fernsehen), auf Ton- und Bildträger sowie bei Film- und Fotoaufnahmen bis 23 Uhr gestaltend mitwirken. Eine Ausnahme darf nicht bewilligt werden für Veranstaltungen, Schaustellungen oder Darbietungen, bei denen die Anwesenheit Jugendlicher nach den Vorschriften des Gesetzes zum Schutz der Jugend in der Öffentlichkeit nicht gestattet werden darf. Nach Beendigung der Tätigkeit dürfen Jugendliche nicht vor Ablauf einer ununterbrochenen Freizeit von mindestens 14 Stunden beschäftigt werden.

§ 15 Fünf-Tage-Woche

Jugendliche dürfen nur an fünf Tagen in der Woche beschäftigt werden. § 5 Abs. 3 gilt entsprechend. Die beiden wöchentlichen Ruhetage sollen nach Möglichkeit aufeinander folgen.

§ 16 Samstagsruhe

(1) An Samstagen dürfen Jugendliche nicht beschäftigt werden.

(2) Zulässig ist die Beschäftigung Jugendlicher an Samstagen nur

1. in Krankenanstalten sowie Alten-, Pflege- und Kinderheimen,
2. in offenen Verkaufsstellen, in Betrieben mit offenen Verkaufsstellen, in Bäckereien und Konditoreien, im Friseurhandwerk und im Marktverkehr,
3. im Verkehrswesen,
4. in der Landwirtschaft und Tierhaltung,
5. im Familienhaushalt,
6. im Gaststätten- und Schaustellergewerbe,
7. bei Musikaufführungen, Theatervorstellungen und anderen Aufführungen, bei Aufnahmen im Rundfunk (Hörfunk und Fernsehen), auf Ton- und Bildträger sowie bei Film- und Fotoaufnahmen,
8. bei außerbetrieblichen Ausbildungsmaßnahmen,
9. beim Sport,
10. im ärztlichen Notdienst,
11. in Reparaturwerkstätten für Kraftfahrzeuge.
Mindestens zwei Samstage im Monat sollen beschäftigungsfrei bleiben.

(3) Werden Jugendliche am Samstag beschäftigt, ist ihnen die Fünf-Tage-Woche (§ 15) durch Freistellung an einem anderen berufsschulfreien Arbeitstag derselben Woche sicherzustellen. In Betrieben mit einem Betriebsruhetag in der Woche kann die Freistellung auch an diesem Tage erfolgen, wenn die Jugendlichen an diesem Tage keinen Berufsschulunterricht haben.

(4) Können Jugendliche in den Fällen des Absatzes 2 Nr. 2 am Samstag nicht acht Stunden beschäftigt werden, kann der Unterschied zwischen der tatsächlichen und der nach § 8 Abs. 1 höchstzulässigen Arbeitszeit an dem Tage bis 13 Uhr ausgeglichen werden, an dem die Jugendlichen nach Absatz 3 Satz 1 freizustellen sind.

§ 17 Sonntagsruhe

(1) An Sonntagen dürfen Jugendliche nicht beschäftigt werden.

(2) Zulässig ist die Beschäftigung Jugendlicher an Sonntagen nur

1. in Krankenanstalten sowie Alten-, Pflege- und Kinderheimen,
2. in der Landwirtschaft und Tierhaltung mit Arbeiten, die auch an Sonn- und Feiertagen naturnotwendig vorgenommen werden müssen,
3. im Familienhaushalt, wenn der Jugendliche in die häusliche Gemeinschaft aufgenommen ist,
4. im Schaustellergewerbe,
5. bei Musikaufführungen, Theatervorstellungen und anderen Aufführungen sowie bei Direktsendungen im Rundfunk (Hörfunk und Fernsehen),
6. beim Sport,
7. im ärztlichen Notdienst,
8. im Gaststättengewerbe.

Jeder zweite Sonntag soll, mindestens zwei Sonntage im Monat müssen beschäftigungsfrei bleiben.

(3) Werden Jugendliche am Sonntag beschäftigt, ist ihnen die Fünf-Tage-Woche (§ 15) durch Freistellung an einem anderen berufsschulfreien Arbeitstag derselben Woche sicherzustellen. In Betrieben mit einem Betriebsruhetag in der Woche kann die Freistellung auch an diesem Tage erfolgen, wenn die Jugendlichen an diesem Tage keinen Berufsschulunterricht haben.

§ 18 Feiertagsruhe

(1) Am 24. Dezember und 31. Dezember nach 14 Uhr und an gesetzlichen Feiertagen dürfen Jugendliche nicht beschäftigt werden.

(2) Zulässig ist die Beschäftigung Jugendlicher an gesetzlichen Feiertagen in den Fällen des § 17 Abs. 2, ausgenommen am 25. Dezember, am 1. Januar, am ersten Osterfeiertag und am 1. Mai.

(3) Für die Beschäftigung an einem gesetzlichen Feiertag, der auf einen Werktag fällt, ist der Jugendliche an einem anderen berufsschulfreien Arbeitstag derselben oder der folgenden Woche freizu-

stellen. In Betrieben mit einem Betriebsruhetag in der Woche kann die Freistellung auch an diesem Tage erfolgen, wenn die Jugendlichen an diesem Tage keinen Berufsschulunterricht haben.

§ 19 Urlaub

(1) Der Arbeitgeber hat Jugendlichen für jedes Kalenderjahr einen bezahlten Erholungsurlaub zu gewähren.

(2) Der Urlaub beträgt jährlich
1. mindestens 30 Werktage, wenn der Jugendliche zu Beginn des Kalenderjahres noch nicht 16 Jahre alt ist,
2. mindestens 27 Werktage, wenn der Jugendliche zu Beginn des Kalenderjahres noch nicht 17 Jahre alt ist,
3. mindestens 25 Werktage, wenn der Jugendliche zu Beginn des Kalenderjahres noch nicht 18 Jahre alt ist.

Jugendliche, die im Bergbau unter Tage beschäftigt werden, erhalten in jeder Altersgruppe einen zusätzlichen Urlaub von drei Werktagen.

(3) Der Urlaub soll Berufsschülern in der Zeit der Berufsschulferien gegeben werden. Soweit er nicht in den Berufsschulferien gegeben wird, ist für jeden Berufsschultag, an dem die Berufsschule während des Urlaubs besucht wird, ein weiterer Urlaubstag zu gewähren.

(4) Im übrigen gelten für den Urlaub der Jugendlichen § 3 Abs. 2, §§ 4 bis 12 und § 13 Abs. 3 des Bundesurlaubsgesetzes. Der Auftraggeber oder Zwischenmeister hat jedoch abweichend von § 12 Nr. 1 des Bundesurlaubsgesetzes den jugendlichen Heimarbeitern für jedes Kalenderjahr einen bezahlten Erholungsurlaub entsprechend Absatz 2 zu gewähren; das Urlaubsentgelt der jugendlichen Heimarbeiter beträgt bei einem Urlaub von 30 Werktagen 11,6 vom Hundert, bei einem Urlaub von 27 Werktagen 10,3 vom Hundert und bei einem Urlaub von 25 Werktagen 9,5 vom Hundert.

§ 20 Binnenschiffahrt

In der Binnenschiffahrt gelten folgende Abweichungen:

1. Abweichend von § 12 darf die Schichtzeit Jugendlicher über 16 Jahre während der Fahrt bis auf 14 Stunden täglich ausgedehnt werden, wenn ihre Arbeitszeit sechs Stunden täglich nicht überschreitet. Ihre tägliche Freizeit kann abweichend von § 13 der Ausdehnung der Schichtzeit entsprechend bis auf 10 Stunden verkürzt werden.

2. Abweichend von § 14 Abs. 1 dürfen Jugendliche über 16 Jahre während der Fahrt bis 22 Uhr beschäftigt werden.

3. Abweichend von §§ 15, 16 Abs. 1, § 17 Abs. 1 und § 18 Abs. 1 dürfen Jugendliche an jedem Tag der Woche beschäftigt werden, jedoch nicht am 24. Dezember, an den Weihnachtsfeiertagen, am 31. Dezember, am 1. Januar, an den Osterfeiertagen und am 1. Mai. Für die Beschäftigung an einem Samstag, Sonntag und an einem gesetzlichen Feiertag, der auf einen Werktag fällt, ist je ein freier Tag zu gewähren. Diese freien Tage sind den Jugendlichen in Verbindung mit anderen freien Tagen zu gewähren, spätestens, wenn ihnen 10 freie Tage zustehen.

§ 21 Ausnahmen in besonderen Fällen

(1) Die §§ 8 und 11 bis 18 finden keine Anwendung auf die Beschäftigung Jugendlicher mit vorübergehenden und unaufschiebbaren Arbeiten in Notfällen, soweit erwachsene Beschäftigte nicht zur Verfügung stehen.

(2) Wird in den Fällen des Absatzes 1 über die Arbeitszeit des § 8 hinaus Mehrarbeit geleistet, so ist sie durch entsprechende Verkürzung der Arbeitszeit innerhalb der folgenden drei Wochen auszugleichen.

§ 21a Abweichende Regelungen

(1) In einem Tarifvertrag oder auf Grund eines Tarifvertrages in einer Betriebsvereinbarung kann zugelassen werden

1. abweichend von den §§ 8, 15, 16 Abs. 3 und 4, § 17 Abs. 3 und § 18 Abs. 3 die Arbeitszeit bis zu neun Stunden täglich, 44 Stunden wöchentlich und bis zu fünfeinhalb Tagen in der Woche anders zu verteilen, jedoch nur unter Einhaltung einer durchschnittlichen Wochenarbeitszeit von 40 Stunden in einem Ausgleichszeitraum von zwei Monaten,

2. abweichend von § 11 Abs. 1 Satz 1 und Satz 2 Nr. 2 die Ruhepausen bis zu 15 Minuten zu kürzen und die Lage der Pausen anders zu bestimmen,

3. abweichend von § 12 die Schichtzeit mit Ausnahme des Bergbaus unter Tage bis zu einer Stunde täglich zu verlängern,

4. abweichend von § 16 Abs. 1 und 2 Jugendliche an 26 Samstagen im Jahr oder an jedem Samstag zu beschäftigen, wenn statt dessen der Jugendliche an einem anderen Werktag derselben Woche von der Beschäftigung freigestellt wird,

5. abweichend von den §§ 15, 16 Abs. 3 und 4, § 17 Abs. 3 und § 18 Abs. 3 Jugendliche bei einer Beschäftigung an einem Samstag oder an einem Sonn- und Feiertag unter vier Stunden an einem anderen Arbeitstag derselben oder der folgenden Woche vor- oder nachmittags von der Beschäftigung freizustellen,

6. abweichend von § 17 Abs. 2 Satz 2 Jugendliche im Gaststätten- und Schaustellergewerbe sowie in der Landwirtschaft während der Saison oder der Erntezeit an drei Sonntagen im Monat zu beschäftigen.

(2) Im Geltungsbereich eines Tarifvertrages nach Abs. 1 kann die abweichende tarifvertragliche Regelung im Betrieb eines nicht tarifgebundenen Arbeitgebers durch Betriebsvereinbarung oder, wenn ein Betriebsrat nicht besteht, durch schriftliche Vereinbarungen zwischen dem Arbeitgeber und dem Jugendlichen übernommen werden.

(3) Die Kirchen und die öffentlich-rechtlichen Religionsgesellschaften können die in Abs. 1 genannten Abweichungen in ihren Regelungen vorsehen.

§ 21b Ermächtigung

Der Bundesminister für Arbeit und Sozialordnung kann im Interesse der Berufsausbildung oder der Zusammenarbeit von Jugendlichen und Erwachsenen durch Rechtsverordnung mit Zustimmung des Bundesrates Ausnahmen von den Vorschriften

1. des § 8, der §§ 11 und 12, der §§ 15 und 16, des § 17 Abs. 2 und 3 sowie des § 18 Abs. 3 im Rahmen des § 21a Abs. 1,
2. des § 14, jedoch nicht vor 5 Uhr und nicht nach 23 Uhr sowie
3. des § 17 Abs. 1 und des § 18 Abs. 1 an höchstens 26 Sonn- und Feiertagen im Jahr

zulassen, soweit eine Beeinträchtigung der Gesundheit oder der körperlichen oder seelisch-geistigen Entwicklung der Jugendlichen nicht zu befürchten ist.

Zweiter Titel
Beschäftigungsverbote und -beschränkungen

§ 22 Gefährliche Arbeiten

(1) Jugendliche dürfen nicht beschäftigt werden

1. mit Arbeiten, die ihre physische oder psychische Leistungsfähigkeit übersteigen,
2. mit Arbeiten, bei denen sie sittlichen Gefahren ausgesetzt sind,
3. mit Arbeiten, die mit Unfallgefahren verbunden sind, von denen anzunehmen ist, daß Jugendliche sie wegen mangelnden Sicherheitsbewußtseins oder mangelnder Erfahrung nicht erkennen oder nicht abwenden können,
4. mit Arbeiten, bei denen ihre Gesundheit durch außergewöhnliche Hitze oder Kälte oder starke Nässe gefährdet wird,
5. mit Arbeiten, bei denen sie schädlichen Einwirkungen von Lärm, Erschütterungen oder Strahlen ausgesetzt sind,
6. mit Arbeiten, bei denen sie schädlichen Einwirkungen von Gefahrstoffen im Sinne des Chemikaliengesetzes ausgesetzt sind,

7. mit Arbeiten, bei denen sie schädlichen Einwirkungen von biologischen Arbeitsstoffen im Sinne der Richtlinie 90/679/EWG des Rates vom 26. November 1990 zum Schutze der Arbeitnehmer gegen Gefährdung durch biologische Arbeitsstoffe bei der Arbeit ausgesetzt sind.

(2) Abs. 1 Nr. 3 bis 7 gilt nicht für die Beschäftigung Jugendlicher, soweit

1. dies zur Erreichung ihres Ausbildungszieles erforderlich ist,
2. ihr Schutz durch die Aufsicht eines Fachkundigen gewährleistet ist und
3. der Luftgrenzwert bei gefährlichen Stoffen (Abs. 1 Nr. 6) unterschritten wird.

Satz 1 findet keine Anwendung auf den absichtlichen Umgang mit biologischen Arbeitsstoffen der Gruppen 3 und 4 im Sinne der Richtlinie 90/679/EWG des Rates vom 26. November 1990 zum Schutze der Arbeitnehmer gegen Gefährdung durch biologische Arbeitsstoffe bei der Arbeit.

(3) Werden Jugendliche in einem Betrieb beschäftigt, für den ein Betriebsarzt oder eine Fachkraft für Arbeitssicherheit verpflichtet ist, muß ihre betriebsärztliche oder sicherheitstechnische Betreuung sichergestellt sein.

§ 23 Akkordarbeit; tempoabhängige Arbeiten

(1) Jugendliche dürfen nicht beschäftigt werden

1. mit Akkordarbeit und sonstigen Arbeiten, bei denen durch ein gesteigertes Arbeitstempo ein höheres Entgelt erzielt werden kann,
2. in einer Arbeitsgruppe mit erwachsenen Arbeitnehmern, die mit Arbeiten nach Nummer 1 beschäftigt werden,
3. mit Arbeiten, bei denen ihr Arbeitstempo nicht nur gelegentlich vorgeschrieben, vorgegeben oder auf andere Weise erzwungen wird.

(2) Absatz 1 Nr. 2 gilt nicht für die Beschäftigung Jugendlicher,

1. soweit dies zur Erreichung ihres Ausbildungszieles erforderlich ist oder
2. wenn sie eine Berufsausbildung für diese Beschäftigung abgeschlossen haben

und ihr Schutz durch die Aufsicht eines Fachkundigen gewährleistet ist.

§ 24 Arbeiten unter Tage

(1) Jugendliche dürfen nicht mit Arbeiten unter Tage beschäftigt werden.

(2) Absatz 1 gilt nicht für die Beschäftigung Jugendlicher über 16 Jahre,

1. soweit dies zur Erreichung ihres Ausbildungszieles erforderlich ist,
2. wenn sie eine Berufsausbildung für die Beschäftigung unter Tage abgeschlossen haben oder
3. wenn sie an einer von der Bergbehörde genehmigten Ausbildungsmaßnahme für Bergjungarbeiter teilnehmen oder teilgenommen haben

und ihr Schutz durch die Aufsicht eines Fachkundigen gewährleistet ist.

§ 25 Verbot der Beschäftigung durch bestimmte Personen

(1) Personen, die

1. wegen eines Verbrechens zu einer Freiheitsstrafe von mindestens zwei Jahren,
2. wegen einer vorsätzlichen Straftat, die sie unter Verletzung der ihnen als Arbeitgeber, Ausbildender oder Ausbilder obliegenden Pflichten zum Nachteil von Kindern oder Jugendlichen begangen haben, zu einer Freiheitsstrafe von mehr als drei Monaten,

3. wegen einer Straftat nach § 109h – im Land Berlin nach § 141 in der Fassung des Artikels 324 des Einführungsgesetzes zum Strafgesetzbuch vom 2. März 1974 (BGBl. I S. 469) –, §§ 170d, 174 bis 184b, 223b des Strafgesetzbuches,
4. wegen einer Straftat nach den §§ 11 und 12 des Gesetzes über den Verkehr mit Betäubungsmitteln oder
5. wegen einer Straftat nach § 21 des Gesetzes über die Verbreitung jugendgefährdender Schriften oder nach § 13 des Gesetzes zum Schutze der Jugend in der Öffentlichkeit wenigstens zweimal rechtskräftig verurteilt worden sind, dürfen Jugendliche nicht beschäftigen sowie im Rahmen eines Rechtsverhältnisses im Sinne des § 1 nicht beaufsichtigten, nicht anweisen, nicht ausbilden und nicht mit der Beaufsichtigung, Anweisung oder Ausbildung von Jugendlichen beauftragt werden. Eine Verurteilung bleibt außer Betracht, wenn seit dem Tage ihrer Rechtskraft fünf Jahre verstrichen sind. Die Zeit, in welcher der Täter auf behördliche Anordnung in einer Anstalt verwahrt worden ist, wird nicht eingerechnet.

(2) Das Verbot des Absatzes 1 Satz 1 gilt auch für Personen, gegen die wegen einer Ordnungswidrigkeit nach § 58 Abs. 1 bis 4 wenigstens dreimal eine Geldbuße rechtskräftig festgesetzt worden ist. Eine Geldbuße bleibt außer Betracht, wenn seit dem Tage ihrer rechtskräftigen Festsetzung fünf Jahre verstrichen sind.

(3) Das Verbot des Absatzes 1 und 2 gilt nicht für die Beschäftigung durch die Personensorgeberechtigten.

§ 26 Ermächtigungen

Der Bundesminister für Arbeit und Sozialordnung kann zum Schutze der Jugendlichen gegen Gefahren für Leben und Gesundheit sowie zur Vermeidung einer Beeinträchtigung der körperlichen oder seelisch-geistigen Entwicklung durch Rechtsverordnung mit Zustimmung des Bundesrates
1. die für Kinder, die der Vollzeitschulpflicht nicht mehr unterliegen, geeigneten und leichten Tätigkeiten nach § 7 Abs. 2 Nr. 1

und die Arbeiten nach § 22 Abs. 1 und den §§ 23 und 24 näher bestimmen,

2. über die Beschäftigungsverbote in den §§ 22 bis 25 hinaus die Beschäftigung Jugendlicher in bestimmten Betriebsarten oder mit bestimmten Arbeiten verbieten oder beschränken, wenn sie bei diesen Arbeiten infolge ihres Entwicklungsstandes in besonderem Maße Gefahren ausgesetzt sind oder wenn das Verbot oder die Beschränkung der Beschäftigung infolge der technischen Entwicklung oder neuer arbeitsmedizinischer oder sicherheitstechnischer Erkenntnisse notwendig ist.

§ 27 Behördliche Anordnungen und Ausnahmen

(1) Die Aufsichtsbehörde kann in Einzelfällen feststellen, ob eine Arbeit unter die Beschäftigungsverbote oder -beschränkungen der §§ 22 bis 24 oder einer Rechtsverordnung nach § 26 fällt. Sie kann in Einzelfällen die Beschäftigung Jugendlicher mit bestimmten Arbeiten über die Beschäftigungsverbote und -beschränkungen der §§ 22 bis 24 und einer Rechtsverordnung nach § 26 hinaus verbieten oder beschränken, wenn diese Arbeiten mit Gefahren für Leben und Gesundheit oder für die körperliche oder seelisch-geistige Entwicklung der Jugendlichen verbunden sind.

(2) Die zuständige Behörde kann
1. den Personen, die die Pflichten, die ihnen kraft Gesetzes zugunsten der von ihnen beschäftigten, beaufsichtigten, angewiesenen oder auszubildenden Kinder und Jugendlichen obliegen, wiederholt oder gröblich verletzt haben,
2. den Personen, gegen die Tatsachen vorliegen, die sie in sittlicher Beziehung zur Beschäftigung, Beaufsichtigung, Anweisung oder Ausbildung von Kindern und Jugendlichen ungeeignet erscheinen lassen,
verbieten, Kinder und Jugendliche zu beschäftigen oder im Rahmen eines Rechtsverhältnisses im Sinne des § 1 zu beaufsichtigen, anzuweisen oder auszubilden.

(3) Die Aufsichtsbehörde kann auf Antrag Ausnahmen von § 23 Abs. 1 Nr. 2 und 3 für Jugendliche über 16 Jahre bewilligen,

1. wenn die Art der Arbeit oder das Arbeitstempo eine Beeinträchtigung der Gesundheit oder der körperlichen oder seelisch-geistigen Entwicklung des Jugendlichen nicht befürchten lassen und

2. wenn eine nicht länger als vor drei Monaten ausgestellte ärztliche Bescheinigung vorgelegt wird, nach der gesundheitliche Bedenken gegen die Beschäftigung nicht bestehen.

Dritter Titel
Sonstige Pflichten des Arbeitgebers

§ 28 Menschengerechte Gestaltung der Arbeit

(1) Der Arbeitgeber hat bei der Einrichtung und der Unterhaltung der Arbeitsstätte einschließlich der Maschinen, Werkzeuge und Geräte und bei der Regelung der Beschäftigung die Vorkehrungen und Maßnahmen zu treffen, die zum Schutze der Jugendlichen gegen Gefahren für Leben und Gesundheit sowie zur Vermeidung einer Beeinträchtigung der körperlichen oder seelisch-geistigen Entwicklung der Jugendlichen erforderlich sind. Hierbei sind das mangelnde Sicherheitsbewußtsein, die mangelnde Erfahrung und der Entwicklungsstand der Jugendlichen zu berücksichtigen und die allgemein anerkannten sicherheitstechnischen und arbeitsmedizinischen Regeln sowie die sonstigen gesicherten arbeitswissenschaftlichen Erkenntnisse zu beachten.

(2) Der Bundesminister für Arbeit und Sozialordnung kann durch Rechtsverordnung mit Zustimmung des Bundesrates bestimmen, welche Vorkehrungen und Maßnahmen der Arbeitgeber zur Erfüllung der sich aus Absatz 1 ergebenden Pflichten zu treffen hat.

(3) Die Aufsichtsbehörde kann in Einzelfällen anordnen, welche Vorkehrungen und Maßnahmen zur Durchführung des Absatzes 1

oder einer vom Bundesminister für Arbeit und Sozialordnung gemäß Absatz 2 erlassenen Verordnung zu treffen sind.

§ 28a Beurteilung der Arbeitsbedingungen

Vor Beginn der Beschäftigung Jugendlicher und bei wesentlicher Änderung der Arbeitsbedingungen hat der Arbeitgeber die mit der Beschäftigung verbundenen Gefährdungen Jugendlicher zu beurteilen. Im übrigen gelten die Vorschriften des Arbeitsschutzgesetzes.

§ 29 Unterweisung über Gefahren

(1) Der Arbeitgeber hat die Jugendlichen vor Beginn der Beschäftigung und bei wesentlicher Änderung der Arbeitsbedingungen über die Unfall- und Gesundheitsgefahren, denen sie bei der Beschäftigung ausgesetzt sind, sowie über die Einrichtungen und Maßnahmen zur Abwendung dieser Gefahren zu unterweisen. Er hat die Jugendlichen vor der erstmaligen Beschäftigung an Maschinen oder gefährlichen Arbeitsstellen oder mit Arbeiten, bei denen sie mit gesundheitsgefährdenden Stoffen in Berührung kommen, über die besonderen Gefahren dieser Arbeiten sowie über das bei ihrer Verrichtung erforderliche Verhalten zu unterweisen.

(2) Die Unterweisungen sind in angemessenen Zeitabständen, mindestens aber halbjährlich, zu wiederholen.

(3) Der Arbeitgeber beteiligt die Betriebsärzte und die Fachkräfte für Arbeitssicherheit an der Planung, Durchführung und Überwachung der für die Sicherheit und den Gesundheitsschutz bei der Beschäftigung Jugendlicher geltenden Vorschriften.

§ 30 Häusliche Gemeinschaft

(1) Hat der Arbeitgeber einen Jugendlichen in die häusliche Gemeinschaft aufgenommen, so muß er

1. ihm eine Unterkunft zur Verfügung stellen und dafür sorgen, daß sie so beschaffen, ausgestattet und belegt ist und so benutzt wird, daß die Gesundheit des Jugendlichen nicht beeinträchtigt wird, und

2. ihm bei einer Erkrankung, jedoch nicht über die Beendigung der Beschäftigung hinaus, die erforderliche Pflege und ärztliche Behandlung zuteil werden lassen, soweit diese nicht von einem Sozialversicherungsträger geleistet wird.

(2) Die Aufsichtsbehörde kann im Einzelfall anordnen, welchen Anforderungen die Unterkunft (Absatz 1 Nr. 1) und die Pflege bei Erkrankungen (Absatz 1 Nr. 2) genügen müssen.

§ 31 Züchtigungsverbot;
Verbot der Abgabe von Alkohol und Tabak

(1) Wer Jugendliche beschäftigt oder im Rahmen eines Rechtsverhältnisses im Sinne des § 1 beaufsichtigt, anweist oder ausbildet, darf sie nicht körperlich züchtigen.

(2) Wer Jugendliche beschäftigt, muß sie vor körperlicher Züchtigung und Mißhandlung und vor sittlicher Gefährdung durch andere bei ihm Beschäftigte und durch Mitglieder seines Haushaltes an der Arbeitsstätte und in seinem Hause schützen. Er darf Jugendlichen unter 16 Jahren keine alkoholischen Getränke und Tabakwaren, Jugendlichen über 16 Jahren keinen Branntwein geben.

Vierter Titel
Gesundheitliche Betreuung

§ 32 Erstuntersuchung

(1) Ein Jugendlicher, der in das Berufsleben eintritt, darf nur beschäftigt werden, wenn

1. er innerhalb der letzten 14 Monate von einem Arzt untersucht worden ist (Erstuntersuchung) und

2. dem Arbeitgeber eine von diesem Arzt ausgestellte Bescheinigung vorliegt.

(2) Absatz 1 gilt nicht für eine geringfügige oder eine nicht länger als zwei Monate dauernde Beschäftigung mit leichten Arbeiten, von denen keine gesundheitlichen Nachteile für den Jugendlichen zu befürchten sind.

§ 33 Erste Nachuntersuchung

(1) Ein Jahr nach Aufnahme der ersten Beschäftigung hat sich der Arbeitgeber die Bescheinigung eines Arztes darüber vorlegen zu lassen, daß der Jugendliche nachuntersucht worden ist (erste Nachuntersuchung). Die Nachuntersuchung darf nicht länger als drei Monate zurückliegen. Der Arbeitgeber soll den Jugendlichen neun Monate nach Aufnahme der ersten Beschäftigung nachdrücklich auf den Zeitpunkt, bis zu dem der Jugendliche ihm die ärztliche Bescheinigung nach Satz 1 vorzulegen hat, hinweisen und ihn auffordern, die Nachuntersuchung bis dahin durchführen zu lassen.

(2) Legt der Jugendliche die Bescheinigung nicht nach Ablauf eines Jahres vor, hat ihn der Arbeitgeber innerhalb eines Monats unter Hinweis auf das Beschäftigungsverbot nach Absatz 3 schriftlich aufzufordern, ihm die Bescheinigung vorzulegen. Je eine Durchschrift des Aufforderungsschreibens hat der Arbeitgeber dem Personensorgeberechtigten, dem Betriebs- und Personalrat und der Aufsichtsbehörde zuzusenden.

(3) Der Jugendliche darf nach Ablauf von 14 Monaten nach Aufnahme der ersten Beschäftigung nicht weiterbeschäftigt werden, solange er die Bescheinigung nicht vorgelegt hat.

§ 34 Weitere Nachuntersuchungen

Nach Ablauf jedes weiteren Jahres nach der ersten Nachuntersuchung kann sich der Jugendliche erneut nachuntersuchen lassen (weitere Nachuntersuchungen). Der Arbeitgeber soll ihn auf diese Möglichkeit rechtzeitig hinweisen und darauf hinwirken, daß der Jugendliche ihm die Bescheinigung über die weitere Nachuntersuchung vorlegt.

§ 35 Außerordentliche Nachuntersuchung

(1) Der Arzt soll eine außerordentliche Nachuntersuchung anordnen, wenn eine Untersuchung ergibt, daß
1. ein Jugendlicher hinter dem seinem Alter entsprechenden Entwicklungsstand zurückgeblieben ist,
2. gesundheitliche Schwächen oder Schäden vorhanden sind,
3. die Auswirkungen der Beschäftigung auf die Gesundheit oder Entwicklung des Jugendlichen noch nicht zu übersehen sind.

(2) Die in § 33 Abs. 1 festgelegten Fristen werden durch die Anordnung einer außerordentlichen Nachuntersuchung nicht berührt.

§ 36 Ärztliche Untersuchungen und Wechsel des Arbeitgebers

Wechselt der Jugendliche den Arbeitgeber, so darf ihn der neue Arbeitgeber erst beschäftigen, wenn ihm die Bescheinigung über die Erstuntersuchung (§ 32 Abs. 1) und, falls seit der Aufnahme der Beschäftigung ein Jahr vergangen ist, die Bescheinigung über die erste Nachuntersuchung (§ 33) vorliegen.

§ 37 Inhalt und Durchführung der ärztlichen Untersuchungen

(1) Die ärztlichen Untersuchungen haben sich auf den Gesundheits- und Entwicklungsstand und die körperliche Beschaffenheit, die Nachuntersuchungen außerdem auf die Auswirkungen der Beschäftigung auf Gesundheit und Entwicklung des Jugendlichen zu erstrecken.

(2) Der Arzt hat unter Berücksichtigung der Krankheitsvorgeschichte des Jugendlichen auf Grund der Untersuchungen zu beurteilen,

1. ob die Gesundheit oder die Entwicklung des Jugendlichen durch die Ausführung bestimmter Arbeiten oder durch die Beschäftigung während bestimmter Zeiten gefährdet wird,
2. ob besondere der Gesundheit dienende Maßnahmen erforderlich sind,
3. ob eine außerordentliche Nachuntersuchung (§ 35 Abs. 1) erforderlich ist.

(3) Der Arzt hat schriftlich festzuhalten:
1. den Untersuchungsstand,
2. die Arbeiten, durch deren Ausführung er die Gesundheit oder die Entwicklung des Jugendlichen für gefährdet hält,
3. die besonderen der Gesundheit dienenden Maßnahmen,
4. die Anordnung einer außerordentlichen Nachuntersuchung (§ 35 Abs. 1).

§ 38 Ergänzungsuntersuchung

Kann der Arzt den Gesundheits- und Entwicklungsstand des Jugendlichen nur beurteilen, wenn das Ergebnis einer Ergänzungsuntersuchung durch einen anderen Arzt oder einen Zahnarzt vorliegt, so hat er die Ergänzungsuntersuchung zu veranlassen und ihre Notwendigkeit schriftlich zu begründen.

§ 39 Mitteilung, Bescheinigung

(1) Der Arzt hat dem Personensorgeberechtigten schriftlich mitzuteilen:
1. das wesentliche Ergebnis der Untersuchung,
2. die Arbeiten, durch deren Ausführung er die Gesundheit oder die Entwicklung des Jugendlichen für gefährdet hält,
3. die besonderen der Gesundheit dienenden Maßnahmen,
4. die Anordnung einer außerordentlichen Nachuntersuchung (§ 35 Abs. 1).

(2) Der Arzt hat eine für den Arbeitgeber bestimmte Bescheinigung darüber auszustellen, daß die Untersuchung stattgefunden hat, und darin die Arbeiten zu vermerken, durch deren Ausführung er die Gesundheit oder die Entwicklung des Jugendlichen für gefährdet hält.

§ 40 Bescheinigung mit Gefährdungsvermerk

(1) Enthält die Bescheinigung des Arztes (§ 39 Abs. 2) einen Vermerk über Arbeiten, durch deren Ausführung er die Gesundheit oder die Entwicklung des Jugendlichen für gefährdet hält, so darf der Jugendliche mit solchen Arbeiten nicht beschäftigt werden.

(2) Die Aufsichtsbehörde kann die Beschäftigung des Jugendlichen mit den in der Bescheinigung des Arztes (§ 39 Abs. 2) vermerkten Arbeiten im Einvernehmen mit einem Arzt zulassen und die Zulassung mit Auflagen verbinden.

§ 41 Aufbewahren der ärztlichen Bescheinigungen

(1) Der Arbeitgeber hat die ärztlichen Bescheinigungen bis zur Beendigung der Beschäftigung, längstens jedoch bis zur Vollendung des 18. Lebensjahres des Jugendlichen aufzubewahren und der Aufsichtsbehörde sowie der Berufsgenossenschaft auf Verlangen zur Einsicht vorzulegen oder einzusenden.

(2) Scheidet der Jugendliche aus dem Beschäftigungsverhältnis aus, so hat ihm der Arbeitgeber die Bescheinigungen auszuhändigen.

§ 42 Eingreifen der Aufsichtsbehörde

Die Aufsichtsbehörde hat, wenn dem Jugendlichen übertragene Arbeiten Gefahren für seine Gesundheit befürchten lassen, dies dem Personensorgeberechtigten und dem Arbeitgeber mitzuteilen und den Jugendlichen aufzufordern, sich durch einen von ihr ermächtigten Arzt untersuchen zu lassen.

§ 43 Freistellung für Untersuchungen

Der Arbeitgeber hat den Jugendlichen für die Durchführung der ärztlichen Untersuchungen nach diesem Abschnitt freizustellen, ein Entgeltausfall darf hierdurch nicht eintreten.

§ 44 Kosten der Untersuchungen

Die Kosten der Untersuchungen trägt das Land.

§ 45 Gegenseitige Unterrichtung der Ärzte

(1) Die Ärzte, die Untersuchungen nach diesem Abschnitt vorgenommen haben, müssen, wenn der Personensorgeberechtigte und der Jugendliche damit einverstanden sind,
1. dem staatlichen Gewerbearzt,
2. dem Arzt, der einen Jugendlichen nach diesem Abschnitt nachuntersucht,
auf Verlangen die Aufzeichnungen über die Untersuchungsbefunde zur Einsicht aushändigen.

(2) Unter den Voraussetzungen des Absatzes 1 kann der Amtsarzt des Gesundheitsamtes einem Arzt, der einen Jugendlichen nach diesem Abschnitt untersucht, Einsicht in andere in seiner Dienststelle vorhandene Unterlagen über Gesundheit und Entwicklung des Jugendlichen gewähren.

§ 46 Ermächtigungen

(1) Der Bundesminister für Arbeit und Sozialordnung kann zum Zwecke einer gleichmäßigen und wirksamen gesundheitlichen Betreuung durch Rechtsverordnung mit Zustimmung des Bundesrates Vorschriften über die Durchführung der ärztlichen Untersuchungen und über die für die Aufzeichnungen der Untersuchungsbefunde, die Bescheinigungen und Mitteilungen zu verwendenden Vordrucke erlassen.

(2) Die Landesregierung kann durch Rechtsverordnung

1. zur Vermeidung von mehreren Untersuchungen innerhalb eines kurzen Zeitraumes aus verschiedenen Anlässen bestimmen, daß die Untersuchungen nach den §§ 32 bis 34 zusammen mit Untersuchungen nach anderen Vorschriften durchzuführen sind, und hierbei von der Frist des § 32 Abs. 1 Nr. 1 bis zu drei Monate abweichen,

2. zur Vereinfachung der Abrechnung
   a) Pauschbeträge für die Kosten der ärztlichen Untersuchungen im Rahmen der geltenden Gebührenordnung festsetzen,
   b) Vorschriften über die Erstattung der Kosten beim Zusammentreffen mehrerer Untersuchungen nach Nummer 1 erlassen.

Vierter Abschnitt
Durchführung des Gesetzes

Erster Titel
Aushänge und Verzeichnisse

§ 47 Bekanntgabe des Gesetzes und der Aufsichtsbehörde

Arbeitgeber, die regelmäßig mindestens einen Jugendlichen beschäftigen, haben einen Abdruck dieses Gesetzes und die Anschrift der zuständigen Aufsichtsbehörde an geeigneter Stelle im Betrieb zur Einsicht auszulegen oder auszuhängen.

§ 48 Aushang über Arbeitszeit und Pausen

Arbeitgeber, die regelmäßig mindestens drei Jugendliche beschäftigen, haben einen Aushang über Beginn und Ende der regelmäßigen täglichen Arbeitszeit und der Pausen der Jugendlichen an geeigneter Stelle im Betrieb anzubringen.

§ 49 Verzeichnisse der Jugendlichen

Arbeitgeber haben Verzeichnisse der bei ihnen beschäftigten Jugendlichen unter Angabe des Vor- und Familiennamens, des Geburtsdatums und der Wohnanschrift zu führen, in denen das Datum des Beginns der Beschäftigung bei ihnen, bei einer Beschäftigung unter Tage auch das Datum des Beginns dieser Beschäftigung, enthalten ist.

§ 50 Auskunft; Vorlage der Verzeichnisse

(1) Der Arbeitgeber ist verpflichtet, der Aufsichtsbehörde auf Verlangen

1. die zur Erfüllung ihrer Aufgaben erforderlichen Angaben wahrheitsgemäß und vollständig zu machen,
2. die Verzeichnisse gemäß § 49, die Unterlagen, aus denen Name, Beschäftigungsart und -zeiten der Jugendlichen sowie Lohn- und Gehaltszahlungen ersichtlich sind, und alle sonstigen Unterlagen, die sich auf die nach Nummer 1 zu machenden Angaben beziehen, zur Einsicht vorzulegen oder einzusenden.

(2) Die Verzeichnisse und Unterlagen sind mindestens bis zum Ablauf von zwei Jahren nach der letzten Eintragung aufzubewahren.

Zweiter Titel
Aufsicht

§ 51 Aufsichtsbehörde; Besichtigungsrechte und Berichtspflicht

(1) Die Aufsicht über die Ausführung dieses Gesetzes und der auf Grund dieses Gesetzes erlassenen Rechtsverordnungen obliegt der nach Landesrecht zuständigen Behörde (Aufsichtsbehörde). Die Landesregierung kann durch Rechtsverordnung die Aufsicht über die Ausführung dieser Vorschriften in Familienhaushalten auf gelegentliche Prüfungen beschränken.

(2) Die Beauftragten der Aufsichtsbehörde sind berechtigt, die Arbeitsstätten während der üblichen Betriebs- und Arbeitszeit zu betreten und zu besichtigen; außerhalb dieser Zeit oder wenn sich die Arbeitsstätten in einer Wohnung befinden, dürfen sie zur Verhütung von dringenden Gefahren für die öffentliche Sicherheit und Ordnung betreten und besichtigt werden. Der Arbeitgeber hat das Betreten und Besichtigen der Arbeitsstätten zu gestatten. Das Grundrecht der Unverletzlichkeit der Wohnung (Artikel 13 des Grundgesetzes) wird insoweit eingeschränkt.

(3) Die Aufsichtsbehörden haben im Rahmen der Jahresberichte nach § 139b Abs. 3 der Gewerbeordnung über ihre Aufsichtstätigkeit gemäß Absatz 1 zu berichten.

§ 52 Unterrichtung über Lohnsteuerkarten an Kinder

Über die Ausstellung von Lohnsteuerkarten an Kinder im Sinne des § 2 Abs. 1 und 3 ist die Aufsichtsbehörde durch die ausstellende Behörde zu unterrichten.

§ 53 Mitteilung über Verstöße

Die Aufsichtsbehörde teilt schwerwiegende Verstöße gegen die Vorschriften dieses Gesetzes oder gegen die auf Grund dieses Gesetzes erlassenen Rechtsvorschriften der nach dem Berufsbildungsgesetz oder der Handwerksordnung zuständigen Stelle mit. Das zuständige Arbeitsamt erhält eine Durchschrift dieser Mitteilung.

§ 54 Ausnahmebewilligungen

(1) Ausnahmen, die die Aufsichtsbehörde nach diesem Gesetz oder den auf Grund dieses Gesetzes erlassenen Rechtsverordnungen bewilligen kann, sind zu befristen.

Die Ausnahmebewilligungen können
1. mit einer Bedingung erlassen werden,

2. mit einer Auflage oder mit einem Vorbehalt der nachträglichen Aufnahme, Änderung oder Ergänzung einer Auflage verbunden werden und

3. jederzeit widerrufen werden.

(2) Ausnahmen können nur für einzelne Beschäftigte, einzelne Betriebe oder einzelne Teile des Betriebs bewilligt werden.

(3) Ist eine Ausnahme für einen Betrieb oder einen Teil des Betriebs bewilligt worden, so hat der Arbeitgeber hierfür an geeigneter Stelle im Betrieb einen Aushang anzubringen.

Dritter Titel
Ausschüsse für Jugendarbeitsschutz

§ 55 Bildung des Landesausschusses für Jugendarbeitsschutz

(1) Bei der von der Landesregierung bestimmten obersten Landesbehörde wird ein Landesausschuß für Jugendarbeitsschutz gebildet.

(2) Dem Landesausschuß gehören als Mitglieder an:

1. je sechs Vertreter der Arbeitgeber und der Arbeitnehmer,
2. ein Vertreter des Landesjugendrings,
3. je ein Vertreter des Landesarbeitsamtes, des Landesjugendamtes, der für das Gesundheitswesen zuständigen obersten Landesbehörde und der für die berufsbildenden Schulen zuständigen obersten Landesbehörde und
4. ein Arzt.

(3) Die Mitglieder des Landesausschusses werden von der von der Landesregierung bestimmten obersten Landesbehörde berufen, die Vertreter der Arbeitgeber und Arbeitnehmer auf Vorschlag der auf Landesebene bestehenden Arbeitgeberverbände und Gewerkschaften, der Arzt auf Vorschlag der Landesärztekammer, die übrigen Vertreter auf Vorschlag der in Absatz 2 Nr. 2 und 3 genannten Stellen.

(4) Die Tätigkeit im Landesausschuß ist ehrenamtlich. Für bare Auslagen und für Entgeltausfall ist, soweit eine Entschädigung nicht von anderer Seite gewährt wird, eine angemessene Entschädigung zu zahlen, deren Höhe nach Landesrecht oder von der von der Landesregierung bestimmten obersten Landesbehörde festgesetzt wird.

(5) Die Mitglieder können nach Anhören der an ihrer Berufung beteiligten Stellen aus wichtigem Grunde abberufen werden.

(6) Die Mitglieder haben Stellvertreter. Die Absätze 2 bis 5 gelten für die Stellvertreter entsprechend.

(7) Der Landesausschuß wählt aus seiner Mitte einen Vorsitzenden und dessen Stellvertreter. Der Vorsitzende und sein Stellvertreter sollen nicht derselben Mitgliedergruppe angehören.

(8) Der Landesausschuß gibt sich eine Geschäftsordnung. Die Geschäftsordnung kann die Bildung von Untersuchungsausschüssen vorsehen und bestimmen, daß ihnen ausnahmsweise nicht nur Mitglieder des Landesausschusses angehören. Absatz 4 Satz 2 gilt für die Unterausschüsse hinsichtlich der Entschädigung entsprechend. An den Sitzungen des Landesausschusses und der Unterausschüsse können Vertreter der beteiligten obersten Landesbehörde teilnehmen.

§ 56 Bildung des Ausschusses für Jugendarbeitsschutz bei der Aufsichtsbehörde

(1) Bei der Aufsichtsbehörde wird ein Ausschuß für Jugendarbeitsschutz gebildet. In Städten, in denen mehrere Aufsichtsbehörden ihren Sitz haben, wird ein gemeinsamer Ausschuß für Jugendarbeitsschutz gebildet. In Ländern, in denen nicht mehr als zwei Aufsichtsbehörden eingerichtet sind, übernimmt der Landesausschuß für Jugendarbeitsschutz die Aufgaben dieses Ausschusses.

(2) Dem Ausschuß gehören als Mitglieder an:
1. je sechs Vertreter der Arbeitgeber und der Arbeitnehmer,

2. ein Vertreter des im Bezirk der Aufsichtsbehörde wirkenden Jugendrings,
3. je ein Vertreter eines Arbeits-, Jugend- und Gesundheitsamtes,
4. ein Arzt und ein Lehrer an einer berufsbildenden Schule.

(3) Die Mitglieder des Jugendarbeitsschutzausschusses werden von der Aufsichtsbehörde berufen, die Vertreter der Arbeitgeber und Arbeitnehmer auf Vorschlag der im Aufsichtsbezirk bestehenden Arbeitgeberverbände und Gewerkschaften, der Arzt auf Vorschlag der Ärztekammer, der Lehrer auf Vorschlag der nach Landesrecht zuständigen Behörde, die übrigen Vertreter auf Vorschlag der in Absatz 2 Nr. 2 und 3 genannten Stellen. § 55 Abs. 4 bis 8 gilt mit der Maßgabe entsprechend, daß die Entschädigung von der Aufsichtsbehörde mit Genehmigung der von der Landesregierung bestimmten obersten Landesbehörde festgesetzt wird.

§ 57 Aufgaben der Ausschüsse

(1) Der Landesausschuß berät die oberste Landesbehörde in allen allgemeinen Angelegenheiten des Jugendarbeitsschutzes und macht Vorschläge für die Durchführung dieses Gesetzes. Er klärt über Inhalt und Ziel des Jugendarbeitsschutzes auf.

(2) Die oberste Landesbehörde beteiligt den Landesausschuß in Angelegenheiten von besonderer Bedeutung, insbesondere vor Erlaß von Rechtsvorschriften zur Durchführung dieses Gesetzes.

(3) Der Landesausschuß hat über seine Tätigkeit im Zusammenhang mit dem Bericht der Aufsichtsbehörden nach § 51 Abs. 3 zu berichten.

(4) Der Ausschuß für Jugendarbeitsschutz bei der Aufsichtsbehörde berät diese in allen allgemeinen Angelegenheiten des Jugendarbeitsschutzes und macht dem Landesausschuß Vorschläge für die Durchführung dieses Gesetzes. Er klärt über Inhalt und Ziel des Jugendarbeitsschutzes auf.

Fünfter Abschnitt
Straf- und Bußgeldvorschriften

§ 58 Straf- und Bußgeldvorschriften

(1) Ordnungswidrig handelt, wer als Arbeitgeber vorsätzlich oder fahrlässig

1. entgegen § 5 Abs. 1, auch in Verbindung mit § 2 Abs. 3, ein Kind oder einen Jugendlichen, der der Vollzeitschulpflicht unterliegt, beschäftigt,

2. entgegen § 5 Abs. 3 Satz 1 oder Satz 3, jeweils auch in Verbindung mit § 2 Abs. 3, ein Kind über 13 Jahre oder einen Jugendlichen, der der Vollzeitschulpflicht unterliegt, in anderer als der zugelassenen Weise beschäftigt,

3. (aufgehoben)

4. entgegen § 7 Satz 1 Nr. 2, auch in Verbindung mit einer Rechtsverordnung nach § 26 Nr. 1, ein Kind, das der Vollzeitschulpflicht nicht mehr unterliegt, in anderer als der zugelassenen Weise beschäftigt,

5. entgegen § 8 einen Jugendlichen über die zulässige Dauer der Arbeitszeit hinaus beschäftigt,

6. entgegen § 9 Abs. 1 oder 4 in Verbindung mit Absatz 1 eine dort bezeichnete Person an Berufsschultagen oder in Berufsschulwochen nicht freistellt,

7. entgegen § 10 Abs. 1 einen Jugendlichen für die Teilnahme an Prüfungen oder Ausbildungsmaßnahmen oder an dem Arbeitstag, der der schriftlichen Abschlußprüfung unmittelbar vorangeht, nicht freistellt,

8. entgegen § 11 Abs. 1 oder 2 Ruhepausen nicht, nicht mit der vorgeschriebenen Mindestdauer oder nicht in der vorgeschriebenen zeitlichen Lage gewährt,

9. entgegen § 12 einen Jugendlichen über die zulässige Schichtzeit hinaus beschäftigt,

10. entgegen § 13 die Mindestfreizeit nicht gewährt,

11. entgegen § 14 Abs. 1 einen Jugendlichen außerhalb der Zeit von 7 bis 20 Uhr oder entgegen § 14 Abs. 7 Satz 3 vor Ablauf der Mindestfreizeit beschäftigt,

12. entgegen § 15 einen Jugendlichen an mehr als fünf Tagen in der Woche beschäftigt,

13. entgegen § 16 Abs. 1 einen Jugendlichen an Samstagen beschäftigt oder entgegen § 17 Abs. 3 Satz 1 den Jugendlichen nicht freistellt,

14. entgegen § 17 Abs. 1 einen Jugendlichen an Sonntagen beschäftigt oder entgegen § 17 Abs. 2 Satz 2 Halbsatz 2 oder Abs. 3 Satz 1 den Jugendlichen nicht freistellt,

15. entgegen § 18 Abs. 1 einen Jugendlichen am 24. oder 31. Dezember nach 14 Uhr oder an gesetzlichen Feiertagen beschäftigt oder entgegen § 18 Abs. 3 nicht freistellt,

16. entgegen § 19 Abs. 1, auch in Verbindung mit Abs. 2 Satz 1 oder 2, oder entgegen § 19 Abs. 3 Satz 2 oder Abs. 4 Satz 2 Urlaub nicht oder nicht mit der vorgeschriebenen Dauer gewährt,

17. entgegen § 21 Abs. 2 die geleistete Mehrarbeit durch Verkürzung der Arbeitszeit nicht ausgleicht,

18. entgegen § 22 Abs. 1, auch in Verbindung mit einer Rechtsverordnung nach § 26 Nr. 1, einen Jugendlichen mit den dort genannten Arbeiten beschäftigt,

19. entgegen § 23 Abs. 1, auch in Verbindung mit einer Rechtsverordnung nach § 26 Nr. 1, einen Jugendlichen mit Arbeiten mit Lohnanreiz, in einer Arbeitsgruppe mit Erwachsenen, deren Entgelt vom Ergebnis ihrer Arbeit abhängt, oder mit tempoabhängigen Arbeiten beschäftigt,

20. entgegen § 24 Abs. 1, auch in Verbindung mit einer Rechtsverordnung nach § 26 Nr. 1, einen Jugendlichen mit Arbeiten unter Tage beschäftigt,

21. entgegen § 31 Abs. 2 Satz 2 einem Jugendlichen für seine Altersstufe nicht zulässige Getränke oder Tabakwaren gibt,

22. entgegen § 32 Abs. 1 einen Jugendlichen ohne ärztliche Bescheinigung über die Erstuntersuchung beschäftigt,

23. entgegen § 33 Abs. 3 einen Jugendlichen ohne ärztliche Bescheinigung über die erste Nachuntersuchung weiterbeschäftigt,
24. entgegen § 36 einen Jugendlichen ohne Vorlage der erforderlichen ärztlichen Bescheinigungen beschäftigt,
25. entgegen § 40 Abs. 1 einen Jugendlichen mit Arbeiten beschäftigt, durch deren Ausführung der Arzt nach der von ihm erteilten Bescheinigung die Gesundheit oder die Entwicklung des Jugendlichen für gefährdet hält,
26. einer Rechtsverordnung nach
    a) § 26 Nr. 2 oder
    b) § 28 Abs. 2
    zuwiderhandelt, soweit sie für einen bestimmten Tatbestand auf diese Bußgeldvorschrift verweist,
27. einer vollziehbaren Anordnung der Aufsichtsbehörde nach § 6 Abs. 3, § 27 Abs. 1 Satz 2 oder Abs. 2, § 28 Abs. 3 oder § 30 Abs. 2 zuwiderhandelt,
28. einer vollziehbaren Auflage der Aufsichtsbehörde nach § 6 Abs. 1, § 14 Abs. 7, § 27 Abs. 3 oder § 40 Abs. 2, jeweils in Verbindung mit § 54 Abs. 1, zuwiderhandelt,
29. einer vollziehbaren Abordnung oder Auflage der Aufsichtsbehörde auf Grund einer Rechtsverordnung nach § 26 Nr. 2 oder § 28 Abs. 2 zuwiderhandelt, soweit die Rechtsverordnung für einen bestimmten Tatbestand auf die Bußgeldvorschrift verweist.

(2) Ordnungswidrig handelt, wer vorsätzlich oder fahrlässig entgegen § 25 Abs. 1 Satz 1 oder Abs. 2 Satz 1 einen Jugendlichen beschäftigt, beaufsichtigt, anweist oder ausbildet, obwohl ihm dies verboten ist, oder einen anderen, dem dies verboten ist, mit der Beaufsichtigung, Anweisung oder Ausbildung eines Jugendlichen beauftragt.

(3) Abs. 1 Nr. 4, 6 bis 29 und Abs. 2 gelten auch für die Beschäftigung von Kindern (§ 2 Abs. 1) oder Jugendlichen, die der Vollzeitschulpflicht unterliegen (§ 2 Abs. 3), nach § 5 Abs. 2. Abs. 1 Nr. 6 bis 29 und Abs. 2 gelten auch für die Beschäftigung von Kindern, die der Vollzeitschulpflicht nicht mehr unterliegen, nach § 7.

(4) Die Ordnungswidrigkeit kann mit einer Geldbuße bis zu 15.000 EURO geahndet werden.

(5) Wer vorsätzlich eine in Absatz 1, 2 oder 3 bezeichnete Handlung begeht und dadurch ein Kind, einen Jugendlichen oder im Falle des Absatzes 1 Nr. 6 eine Person, die noch nicht 21 Jahre alt ist, in ihrer Gesundheit oder Arbeitskraft gefährdet, wird mit Freiheitsstrafe bis zu einem Jahr oder mit Geldstrafe bestraft. Ebenso wird bestraft, wer eine in Absatz 1, 2 oder 3 bezeichnete Handlung beharrlich wiederholt.

(6) Wer in den Fällen des Absatzes 5 Satz 1 die Gefahr fahrlässig verursacht, wird mit Freiheitsstrafe bis zu sechs Monaten oder mit Geldstrafe bis zu einhundertachtzig Tagessätzen bestraft.

§ 59 Bußgeldvorschriften

(1) Ordnungswidrig handelt, wer als Arbeitgeber vorsätzlich oder fahrlässig

1. entgegen § 6 Abs. 4 Satz 2 ein Kind vor Erhalt des Bewilligungsbescheides beschäftigt,

2. entgegen § 11 Abs. 3 Satz 1 Aufenthaltsräume nicht bereitstellt oder entgegen § 11 Abs. 4 den Aufenthalt in Arbeitsräumen gestattet,

3. entgegen § 29 einen Jugendlichen über Gefahren nicht, nicht richtig oder nicht rechtzeitig unterweist,

4. entgegen § 33 Abs. 2 Satz 1 einen Jugendlichen nicht oder nicht rechtzeitig zur Vorlage einer ärztlichen Bescheinigung auffordert,

5. entgegen § 41 die ärztlichen Bescheinigung nicht aufbewahrt, vorlegt, einsendet oder aushändigt,

6. entgegen § 43 Satz 1 einen Jugendlichen für ärztliche Untersuchungen nicht freistellt,

7. entgegen § 47 einen Abdruck des Gesetzes oder die Anschrift der zuständigen Aufsichtsbehörde nicht auslegt oder aushängt,

8. entgegen § 48 Arbeitszeit und Pausen nicht oder nicht in der vor-geschriebenen Weise aushängt,

9. entgegen § 49 ein Verzeichnis nicht oder nicht in der vorge-schriebenen Weise führt,

10. entgegen § 50 Abs. 1 Angaben nicht, nicht richtig oder nicht vollständig macht oder Verzeichnisse oder Unterlagen nicht vor-legt oder einsendet oder entgegen § 50 Abs. 2 Verzeichnisse oder Unterlagen nicht oder nicht vorschriftsmäßig aufbewahrt,

11. entgegen § 51 Abs. 2 Satz 2 das Betreten oder Besichtigen der Arbeitsstätten nicht gestattet,

12. entgegen § 54 Abs. 3 einen Aushang nicht anbringt.

(2) Absatz 1 Nr. 2 bis 6 gilt auch für die Beschäftigung von Kindern (§ 2 Abs. 1 und 3) nach § 5 Abs. 2 Satz 1.

(3) Die Ordnungswidrigkeit kann mit einer Geldbuße bis zu 2.500 EURO geahndet werden.

§ 60 Verwaltungsvorschriften für die Verfolgung und Ahndung von Ordnungswidrigkeiten

Der Bundesminister für Arbeit und Sozialordnung kann mit Zustim-mung des Bundesrates allgemeine Verwaltungsvorschriften für die Verfolgung und Ahndung von Ordnungswidrigkeiten nach §§ 58 und 59 durch die Verwaltungsbehörde (§ 35 des Gesetzes über Ord-nungswidrigkeiten) und über die Erteilung einer Verwarnung (§§ 56, 58 Abs. 2 des Gesetzes über Ordnungswidrigkeiten) wegen einer Ordnungswidrigkeit nach §§ 58 und 59 erlassen.

Sechster Abschnitt
Schlussvorschriften

§ 61 Beschäftigung von Jugendlichen auf Kauffahrteischiffen

(1) Für die Beschäftigung von Jugendlichen auf Kauffahrteischif-fen als Besatzungsmitglieder im Sinne des § 3 des Seemannsgeset-

zes gilt an Stelle dieses Gesetzes das Seemannsgesetz mit den nachfolgenden Änderungen.

(2) Das Seemannsgesetz wird wie folgt geändert:

1. § 8 erhält folgende Fassung:
   "§ 8 Kinder und Jugendliche
   (1) Kind im Sinne dieses Gesetzes ist, wer noch nicht vierzehn Jahre alt ist.
   (2) Jugendlicher im Sinne dieses Gesetzes ist, wer vierzehn, aber noch nicht achtzehn Jahre alt ist.
   (3) Jugendliche, die der Vollzeitschulpflicht unterliegen, gelten als Kinder im Sinne dieses Gesetzes."

2. § 54 Abs. 2 erhält folgende Fassung:
   "(2) Jugendlichen ist in jedem Beschäftigungsjahr ein Mindesturlaub zu gewähren
   1. von 30 Werktagen, wenn sie zu Beginn des Beschäftigungsjahres noch nicht 16 Jahre alt sind,
   2. von 27 Werktagen, wenn sie zu Beginn des Beschäftigungsjahres noch nicht 17 Jahre alt sind,
   3. von 25 Werktagen, wenn sie zu Beginn des Beschäftigungsjahres noch nicht 18 Jahre alt sind."

3. In § 55 Abs. 3 Satz 1 werden nach dem Wort "Jugendlichen" das Komma und die Worte "die das sechzehnte Lebensjahr noch nicht vollendet haben," gestrichen.

4. § 94 erhält folgende Fassung:
   "§ 94 Beschäftigungsverbot für Kinder und Jugendliche
   (1) Die Beschäftigung von Kindern (§ 8 Abs. 1 und 3) und die Beschäftigung von Jugendlichen unter fünfzehn Jahren sind verboten.
   (2) Jugendliche dürfen nicht beschäftigt werden
   1. mit Arbeiten, die ihre Leistungsfähigkeit übersteigen,
   2. mit Arbeiten, bei denen sie sittlichen Gefahren ausgesetzt sind,

3. mit Arbeiten, die mit Unfallgefahren verbunden sind, von denen anzunehmen ist, daß Jugendliche sie wegen mangelnden Sicherheitsbewußtseins oder mangelnder Erfahrung nicht erkennen oder nicht abwenden können,

4. mit Arbeiten, bei denen ihre Gesundheit durch außergewöhnliche Hitze oder Kälte oder starke Nässe gefährdet wird,

5. mit Arbeiten, bei denen sie schädlichen Einwirkungen von Lärm, Erschütterungen, Strahlungen oder von giftigen, ätzenden oder reizenden Stoffen ausgesetzt sind,

6. als Kohlenzieher (Trimmer) oder Heizer,

7. im Maschinendienst, wenn sie die Abschlußprüfung in einem für den Maschinendienst anerkannten Ausbildungsberuf noch nicht bestanden haben.

Die Nummern 3 bis 5 gelten nicht für die Beschäftigung Jugendlicher über sechzehn Jahre, soweit dies zur Erreichung ihres Ausbildungszieles erforderlich ist und der Schutz der Jugendlichen durch die Aufsicht eines Fachkundigen sichergestellt ist.

(3) Die Arbeitsschutzbehörde kann in Einzelfällen feststellen, ob eine Arbeit unter die Beschäftigungsverbote oder -beschränkungen des Absatzes 2 oder eine von den Bundesministern für Arbeit und Sozialordnung und für Verkehr gemäß § 143 Abs. 1 Nr. 9 erlassene Verordnung fällt. Sie kann in Einzelfällen die Beschäftigung Jugendlicher mit bestimmten Arbeiten über die Beschäftigungsverbote und -beschränkungen des Absatzes 2 und einer Rechtsverordnung gemäß § 143 Abs. 1 Nr. 9 hinaus verbieten oder beschränken, wenn diese Arbeit mit Gefahren für Leben, Gesundheit oder für die körperliche oder seelisch-geistige Entwicklung der Jugendlichen verbunden ist."

5. § 95 erhält folgende Fassung:

"§ 95 Sonstige Pflichten des Kapitäns gegenüber Jugendlichen

(1) Der Kapitän hat die erforderlichen Vorkehrungen und Anordnungen zum Schutze der Jugendlichen gegen Gefahren für

Leben und Gesundheit sowie zur Vermeidung einer Beeinträchtigung der körperlichen oder seelisch-geistigen Entwicklung zu treffen. Hierbei sind das mangelnde Sicherheitsbewußtsein, die mangelnde Erfahrung und der Entwicklungsstand der Jugendlichen zu berücksichtigen und die allgemein anerkannten sicherheitstechnischen und arbeitsmedizinischen Regeln sowie die sonstigen gesicherten arbeitswissenschaftlichen Erkenntnisse zu beachten.

(2) Der Kapitän hat die Jugendlichen vor Beginn der Beschäftigung über die Unfall- und Gesundheitsgefahren, denen sie bei der Beschäftigung ausgesetzt sind, sowie über die Einrichtung und Maßnahmen zur Abwendung dieser Gefahren zu unterweisen. Er hat die Jugendlichen vor der erstmaligen Beschäftigung an Maschinen und gefährlichen Arbeitsstellen oder mit Arbeiten, bei denen sie mit gesundheitsgefährdenden Stoffen in Berührung kommen, über die besonderen Gefahren dieser Arbeiten sowie über das bei ihrer Verrichtung erforderliche Verhalten zu unterweisen. Die Unterweisungen sind in angemessenen Zeitabständen, mindestens aber halbjährlich, zu wiederholen."

6. § 96 erhält folgende Fassung:
"§ 96 Arbeitszeit der Jugendlichen
Für Jugendliche gelten die Vorschriften der §§ 85 bis 87 über die See- und Hafenarbeitszeit mit der Abweichung, daß sie vorbehaltlich der Regelung in § 100 Abs. 3 und 4 nicht mehr als acht Stunden täglich und nicht mehr als 40 Stunden wöchentlich beschäftigt werden dürfen."

7. § 97 wird wie folgt geändert:
a) in Absatz 1 werden die Worte "unter sechzehn Jahren" gestrichen;
b) Absatz 2 wird gestrichen;
c) Absatz 5 erhält folgende Fassung:
"(5) Wird in den Fällen des Absatzes 1 Mehrarbeit geleistet, so ist sie durch entsprechende Verkürzung der Arbeitszeit innerhalb der folgenden drei Wochen auszugleichen. Kann der

Arbeitsausgleich wegen Beendigung des Heuerverhältnisses nicht mehr gewährt werden, ist die Mehrarbeit zu vergüten, wobei der Zuschlag für Jugendliche abweichend von § 90 Abs. 1 für jede Mehrarbeitsstunde mindestens ein Viertel eines Zweihundertstels der Grundheuer beträgt."

8. § 98 erhält folgende Fassung:
"§ 98 Ruhepausen
(1) Den Jugendlichen müssen im voraus feststehende Ruhepausen von angemessener Dauer gewährt werden. Die Ruhepausen müssen mindestens betragen:
1. dreißig Minuten bei einer Arbeitszeit von mehr als viereinhalb bis zu sechs Stunden,
2. sechzig Minuten bei einer Arbeitszeit von mehr als sechs Stunden. Als Ruhepause gilt nur eine Arbeitsunterbrechung von mindestens fünfzehn Minuten.
(2) Die Ruhepausen müssen in angemessener zeitlicher Lage gewährt werden, frühestens eine Stunde nach Beginn und spätestens eine Stunde vor Ende der Arbeitszeit. Länger als viereinhalb Stunden hintereinander dürfen Jugendliche nicht ohne Ruhepause beschäftigt werden."

9. § 99 erhält folgende Fassung:
"§ 99 Nachtruhe der Jugendlichen
Jugendliche dürfen vorbehaltlich der Regelung von § 100 Abs. 4 nur in der Zeit von 6 bis 20 Uhr beschäftigt werden."

10. § 100 erhält folgende Fassung:
"§ 100 Freizeit der Jugendlichen
(1) § 91 findet auf Jugendliche keine Anwendung.
(2) Jugendliche dürfen im Hafen nur an fünf Tagen in der Woche beschäftigt werden. Die freien Tage sollten möglichst der Samstag und der Sonntag sein. Für eine Beschäftigung an einem gesetzlichen Feiertag, der auf einen Werktag fällt, ist dem Jugendlichen ein anderer freier Tag zu gewähren.

(3) Auf See dürfen Jugendliche nur an sechs Tagen in der Woche und bis zu 48 Stunden wöchentlich beschäftigt werden. Für die Beschäftigung am sechsten Tag ist ihnen ein anderer freier Tag zu gewähren. Absatz 2 Satz 3 gilt entsprechend.

(4) Im Wachdienst auf See dürfen Jugendliche über sechzehn Jahren an jedem Tag in der Woche bis zu acht Stunden täglich und ab 4 Uhr beschäftigt werden. Das gilt jedoch nur, wenn die Jugendlichen während der Wache neben dem Wachdienst nur mit den in § 85 Abs. 2 genannten Arbeiten beschäftigt werden. Für die Beschäftigung am sechsten und siebenten Tag in der Woche ist den Jugendlichen je ein anderer freier Tag zu gewähren. Absatz 2 Satz 3 gilt entsprechend.

(5) Die freien Tage nach den Absätzen 2 bis 4 sind den Jugendlichen in einem Hafen zu gewähren, in dem Landgang zulässig und möglich ist. Auf Verlangen des Jugendlichen können die freien Tage auch auf See oder in Verbindung mit dem Urlaub gewährt werden.''

11. § 100a Abweichende Regelungen

(1) In einem Tarifvertrag oder auf Grund eines Tarifvertrages in einer Betriebs- oder Bordvereinbarung kann zugelassen werden

1. abweichend von den §§ 96 und 100 Abs. 2 Satz 1 die Arbeitszeit bis zu neun Stunden täglich, 44 Stunden wöchentlich und bis zu fünfeinhalb Tagen in der Woche anders zu verteilen, jedoch nur unter Einhaltung einer durchschnittlichen Wochenarbeitszeit von 40 Stunden in einem Ausgleichszeitraum von zwei Monaten,

2. abweichend von § 98 Abs. 1 Satz 2 die Ruhepausen bis zu 15 Minuten zu kürzen und die Lage der Pausen anders zu bestimmen,

3. abweichend von § 99 Jugendliche einmal in der Woche in der Zeit von 20 bis 24 Uhr zu beschäftigen,

4. abweichend von § 100 Abs. 4 Satz 1 Jugendliche über 16 Jahre auch im Wachdienst im Hafen nach Maßgabe des § 100 Abs. 4 Satz 2 bis 4 zu beschäftigen.

(2) Im Geltungsbereich eines Tarifvertrages nach Absatz 1 kann die abweichende tarifvertragliche Regelung im Betrieb eines nicht tarifgebundenen Reeders durch Betriebs- oder Bordvereinbarung oder, wenn eine Arbeitnehmervertretung nicht besteht, durch schriftliche Vereinbarung zwischen dem Reeder und dem Jugendlichen übernommen werden.

12. In § 102a Abs. 1 werden nach der Verweisung "§ 82 Abs. 2" das Wort "und" und die Verweisung "§ 94 Abs. 2" gestrichen.

13. In § 103 Satz 2 wird nach dem Wort "Arbeitszeitverordnung" ein Semikolon gesetzt; die Worte "und des Jugendschutzgesetzes" werden durch die Worte "für Jugendliche gilt das Jugendarbeitsschutzgesetz" ersetzt.

14. § 121 wird wie folgt geändert:

   a) Absatz 1 Nr. 1 erhält folgende Fassung:

      "1. der Vorschrift des § 94 Abs. 1 über die Beschäftigung von Kindern (§ 8 Abs. 1 und 3) und Jugendlichen unter 15 Jahren,";

   b) Absatz 1 Nr. 2 wird gestrichen;

   c) in Absatz 2 Nr. 5 wird vor der Verweisung "§ 92 Abs. 2" das Wort "des" eingefügt und die Verweisung "§ 94 Abs. 4" durch die Verweisung "§ 94 Abs. 3 Satz 2" ersetzt.

15. § 126 wird wie folgt geändert:

   a) In Nummer 4 wird die Verweisung "Satz 2 oder 3" gestrichen;

   b) in Nummer 8 wird die Verweisung "§ 94 Abs. 4" durch die Verweisung "§ 94 Abs. 3 Satz 2" ersetzt.

16. In § 138 Abs. 1 Satz 1 werden nach der Verweisung "§ 85 Abs. 1" das Wort "und" und die Verweisung "§ 97 Abs. 2 Satz 2" gestrichen.

17. § 143 Abs. 1 wird wie folgt geändert:

   a) In Nummer 9 werden die Worte "oder Sittlichkeit verbunden sind" durch die Worte "oder für die körperliche oder seelisch-geistige Entwicklung verbunden sind" ersetzt;

   b) in Nummer 14 werden die Worte "und des Jugendschutzgesetzes" gestrichen.

§ 62 Beschäftigung im Vollzug einer Freiheitsentziehung

(1) Die Vorschriften dieses Gesetzes gelten für die Beschäftigung Jugendlicher (§ 2 Abs. 2) im Vollzuge einer gerichtlich angeordneten Freiheitsentziehung entsprechend, soweit es sich nicht nur um gelegentliche, geringfügige Hilfeleistungen handelt und soweit in den Absätzen 2 bis 4 nichts anderes bestimmt ist.

(2) Im Vollzug einer gerichtlich angeordneten Freiheitsentziehung finden § 11 Abs. 3, § 19, §§ 47 bis 50 keine Anwendung.

(3) Die §§ 13, 14, 15, 16, 17 und 18 Abs. 1 und 2 gelten im Vollzug einer gerichtlich angeordneten Freiheitsentziehung nicht für die Beschäftigung jugendlicher Anstaltsinsassen mit der Zubereitung und Ausgabe der Anstaltsverpflegung.

(4) § 18 Abs. 1 und 2 gilt nicht für die Beschäftigung jugendlicher Anstaltsinsassen in landwirtschaftlichen Betrieben der Vollzugsanstalten mit Arbeiten, die auch an Sonn- und Feiertagen naturnotwendig vorgenommen werden müssen.

§ 63 Änderung des Berufsausbildungsgesetzes

Das Berufsausbildungsgesetz wird wie folgt geändert:
1. In § 32
   a) wird in den Absatz 1
      aa) am Ende der Nummer 2 der Punkt durch das Wort "und" ersetzt;
      bb) nach der Nummer 2 folgende Nummer 3 angefügt:
         "3. für Auszubildende unter 18 Jahren die ärztliche Bescheinigung über die Erstuntersuchung nach § 32 Abs. 1 des Jugendarbeitsschutzgesetzes zur Einsicht vorgelegt wird.";
   b) erhält Absatz 2 folgenden Satz 2:
      "Die Eintragung ist ferner zu löschen, wenn die ärztliche Bescheinigung über die erste Nachuntersuchung nach § 33 Abs. 1 des Jugendarbeitsschutzgesetzes nicht spätestens am Tage

der Anmeldung des Auszubildenden zur Zwischenprüfung zur Einsicht vorgelegt und der Mangel nicht nach § 23 Abs. 2 behoben wird."

2. § 45 erhält folgenden Absatz 3:

"(3) Die zuständige Stelle teilt der Aufsichtsbehörde nach dem Jugendarbeitsschutzgesetz Wahrnehmungen mit, die für die Durchführung des Jugendarbeitsschutzgesetzes von Bedeutung sein können."

§ 64 Änderung der Handwerksordnung

Die Handwerksordnung wird wie folgt geändert:

1. In § 29
   a) wird in Absatz 1
      aa) am Ende der Nummer 2 der Punkt durch das Wort "und" ersetzt;
      bb) nach der Nummer 2 folgende Nummer 3 eingefügt:
      "3. für Auszubildende unter 18 Jahren die ärztliche Bescheinigung über die Erstuntersuchung nach § 32 Abs. 1 des Jugendarbeitsschutzgesetzes zur Einsicht vorgelegt wird.";
   b) erhält Absatz 2 folgenden Satz 2:
      "Die Eintragung ist ferner zu löschen, wenn die ärztliche Bescheinigung über die erste Nachuntersuchung nach § 33 Abs. 1 des Jugendarbeitsschutzgesetzes nicht spätestens am Tage der Anmeldung des Auszubildenden zur Zwischenprüfung zur Einsicht vorgelegt und der Mangel nicht nach § 23 Abs. 2 behoben wird."

2. § 41 erhält folgenden Absatz 2:

"(2) Die zuständige Stelle teilt der Aufsichtsbehörde nach dem Jugendarbeitsschutzgesetz Wahrnehmungen mit, die für die Durchführung des Jugendarbeitsschutzgesetzes von Bedeutung sein können."

§ 65 Änderung des Bundesbeamtengesetzes

Das Bundesbeamtengesetz wird wie folgt geändert:
1. § 80 Nr. 3 wird gestrichen.
2. Der bisherige § 80a wird § 80b.
3. Nach § 80 wird folgender neuer § 80a eingefügt:
   "§ 80a
   (1) Das Gesetz zum Schutze der arbeitenden Jugend (Jugendarbeitsschutzgesetz) vom 12. April 1976 (BGBl. I S. 965) gilt für jugendliche Beamte entsprechend.
   (2) Soweit die Eigenart des Polizeivollzugsdienstes und die Belange der inneren Sicherheit es erfordern, kann die Bundesregierung durch Rechtsverordnung Ausnahmen von den Vorschriften des Jugendarbeitsschutzgesetzes für jugendliche Polizeivollzugsbeamte bestimmen."

§ 66 Änderung des Beamtenrechtsrahmengesetzes

Nach § 55 des Beamtenrechtsrahmengesetzes wird folgender neuer § 55a eingefügt:
"§ 55a
(1) Rechtsvorschriften zum Jugendarbeitsschutzgesetz für Beamte unter 18 Jahren sind nach Maßgabe der folgenden Absätze zu erlassen.
(2) Bei der Festlegung der täglichen und wöchentlichen Arbeitszeit, der Freistellung an Berufsschultagen, der Regelung der Pausen, der Schichtzeit, der täglichen Freizeit, der Nachtruhe, der Fünf-Tage-Woche sowie der Samstags-, Sonntags- und Feiertagsruhe ist das besondere Schutzbedürfnis der Beamten unter 18 Jahren (jugendliche Beamte) zu berücksichtigen.
(3) Die Dauer des Erholungsurlaubs jugendlicher Beamter ist unter Berücksichtigung ihres Alters und ihres besonderen Erholungsbedürfnisses zu regeln.
(4) Jugendliche Beamte dürfen nicht mit Dienstgeschäften beauftragt werden, bei denen Leben, Gesundheit oder die körperliche oder seelisch-geistige Entwicklung gefährdet werden. Dies

gilt nicht für die Beschäftigung jugendlicher Beamter über 16 Jahren, soweit dies zur Erreichung ihres Ausbildungszieles erforderlich ist und der Schutz der Jugendlichen durch die Aufsicht eines Fachkundigen sichergestellt ist. Die zuständige Dienstbehörde hat bei der Einrichtung und der Unterhaltung der Dienststellen einschließlich der Maschinen, Werkzeuge und Geräte und bei der Regelung der Beschäftigung die erforderlichen Vorkehrungen und Maßnahmen zum Schutz der Jugendlichen gegen Gefahren für Leben, Gesundheit sowie der Vermeidung einer Beeinträchtigung der körperlichen oder seelisch-geistigen Entwicklung zu treffen.

(5) Es sind ärztliche Untersuchungen (Erstuntersuchungen und Nachuntersuchungen) vorzusehen, die sich auf den Gesundheits- und Entwicklungsstand, die körperliche Beschaffenheit und auf die Auswirkungen der Berufsarbeit auf die Gesundheit oder Entwicklung des jugendlichen Beamten erstrecken.

(6) Soweit die Eigenart des Polizeivollzugsdienstes und die Belange der inneren Sicherheit es erfordern, können für jugendliche Polizeivollzugsbeamte Ausnahmen von den für jugendliche Beamte geltenden Vorschriften des Jugendarbeitsschutzgesetzes bestimmt werden."

§ 67 Änderung des Bundeszentralregistergesetzes

§ 11 Abs. 2 Nr. 4 des Bundeszentralregistergesetzes vom 18. März 1971 (BGBl. I S. 243), zuletzt geändert durch das Erste Gesetz zur Reform des Strafverfahrensrechts vom 9. Dezember 1974 (BGBl. I S. 3393), erhält folgende Fassung:

"4. die Beschäftigung, Beaufsichtigung, Anweisung oder Ausbildung von Kindern und Jugendlichen verboten".

§ 68 Änderung der Gewerbeordnung

In § 149 Abs. 21 Nr. 1 Buchstabe d der Gewerbeordnung werden die Worte "die Beschäftigung und Beaufsichtigung" durch die Worte "die Beschäftigung, Beaufsichtigung, Anweisung oder Ausbildung" ersetzt.

§ 69 Änderung der Verordnungen

(1) § 23 der Verordnung über gefährliche Arbeitsstoffe in der Fassung der Bekanntmachung vom 8. September 1975 (BGBl. I S. 2493) erhält folgende Fassung:

"§ 23

Jugendarbeitsschutzgesetz

(1) Ordnungswidrig im Sinne des § 58 Abs. 1 Nr. 26 Buchstabe a des Jugendarbeitsschutzgesetzes handelt der Arbeitgeber, der vorsätzlich oder fahrlässig entgegen § 15 Abs. 1 oder 2 dieser Verordnung einen Jugendlichen beschäftigt.

(2) Wer durch eine der im Absatz 1 bezeichneten Handlungen einen Jugendlichen in seiner Gesundheit oder Arbeitskraft gefährdet, wird nach § 58 Abs. 5 oder 6 des Jugendarbeitsschutzgesetzes bestraft."

(2) Artikel 4 Abs. 4 der Ersten Verordnung zur Änderung der Verordnung über gefährliche Arbeitsstoffe vom 8. September 1975 (BGBl. I S. 2483) erhält folgende Fassung:

"(4) Ordnungswidrig im Sinne des § 53 Abs. 1 Nr. 26 Buchstabe a des Jugendarbeitsschutzgesetzes handelt, wer als Arbeitgeber vorsätzlich oder fahrlässig entgegen den Absätzen 1, 2 oder 3 einen Jugendlichen beschäftigt. Wer durch eine der in Satz 1 bezeichneten Handlungen einen Jugendlichen in seiner Gesundheit oder Arbeitskraft gefährdet, wird nach § 58 Abs. 5 oder 6 des Jugendarbeitsschutzgesetzes bestraft."

(3) Die Verordnung über Arbeiten in Druckluft (Druckluftverordnung vom 4. Oktober 1972; BGBl. I S. 1909) wird wie folgt geändert:

    1. § 22 Abs. 1 Nr. 2 erhält folgende Fassung:

    "2. entgegen § 9 Abs. 2 Nr. 1 einen Arbeitnehmer, der das 18., aber noch nicht das 21. Lebensjahr oder bereits das 50. Lebensjahr vollendet hat, in Druckluft beschäftigt,".

    2. § 22 Abs. 3 wird gestrichen.

3. Nach § 22 wird folgender § 22a eingefügt:
"§ 22a

Ordnungswidrigkeit nach dem Jugendarbeitsschutzgesetz

Ordnungswidrig im Sinne des § 58 Abs. 1 Nr. 26 Buchstabe
a des Jugendarbeitsschutzgesetzes handelt, wer als Arbeitgeber vorsätzlich oder fahrlässig entgegen § 9 Abs. 2 Nr. 1 einen Arbeitnehmer, der das 18. Lebensjahr noch nicht vollendet hat, in Druckluft beschäftigt."

(4) Die Verordnung über das Verbot der Beschäftigung von Personen unter 21 Jahren mit sittlich gefährdenden Tätigkeiten vom 3.
April 1964 (BGBl. I S. 262) wird wie folgt geändert:

1. Der Titel der Verordnung erhält folgende Fassung:
   "Verordnung über das Verbot der Beschäftigung von Personen unter 18 Jahren mit sittlich gefährdenden Tätigkeiten"

2. In § 1 Abs. 1 und Abs. 2 werden die Worte "Personen unter
   21 Jahren" durch das Wort "Jugendliche" ersetzt.

3. § 3 erhält folgende Fassung:
   "§ 3

   Hinweis auf Bußgeld- und Strafvorschriften des Jugendarbeitsschutzgesetzes

   Zuwiderhandlungen gegen § 22 Abs. 1 Nr. 2 des Jugendarbeitsschutzgesetzes in Verbindung mit einem Beschäftigungsverbot nach § 1 dieser Verordnung werden nach § 58
   Abs. 1 Nr. 18, Abs.3 bis 6 des Jugendarbeitsschutzgesetzes
   geahndet."

§ 70 Änderung des Gesetzes über Betriebsärzte, Sicherheitsinge-
nieure und andere Fachkräfte für Arbeitssicherheit

Das Gesetz über Betriebsärzte, Sicherheitsingenieure und andere
Fachkräfte für Arbeitssicherheit vom 12. Dezember 1973 (BGBl.
I S. 1885) wird wie folgt geändert:

1. In § 13
   a) werden in der Überschrift das Wort "Mitteilungen" und das Komma gestrichen;
   b) wird Absatz 1 gestrichen;
   c) werden die Absätze 2 und 3 Absätze 1 und 2;
   d) wird im neuen Absatz 1 Satz 1 das Wort "sonst" gestrichen.
2. In § 20
   a) wird in Absatz 1 die Nummer 2 gestrichen;
   b) wird in Absatz 1 Nr. 3 die Verweisung "§ 13 Abs. 2 Satz 1" durch die Verweisung "§ 13 Abs. 1 Satz 1" ersetzt;
   c) wird in Absatz 1 Nr. 4 die Verweisung "§ 13 Abs. 3 Satz 1" durch die Verweisung "§ 13 Abs. 2 Satz 1" ersetzt;
   d) werden in Absatz 1 die Nummern 3 und 4 Nummern 2 und 3;
   e) wird in Absatz 2 die Verweisung "Absatz 1 Nr. 2 bis 4" durch die Verweisung "Absatz 1 Nr. 2 und 3" ersetzt.
3. In § 23 Abs. 1 wird in Satz 1 und in Satz 2 die Verweisung "§ 13 Abs. 1," gestrichen.

§ 71 Berlin-Klausel

Dieses Gesetz gilt nach Maßgabe des § 13 Abs. 1 des Dritten Überleitungsgesetzes vom 4. Januar 1952 (BGBl. I S. 1) auch im Land Berlin. Rechtsverordnungen, die auf Grund dieses Gesetzes erlassen werden, gelten im Land Berlin nach § 14 des Dritten Überleitungsgesetzes.

§ 72 Inkrafttreten

(1) Dieses Gesetz tritt am 1. Mai 1976 in Kraft.

(2) Zum gleichen Zeitpunkt treten außer Kraft
1. das Jugendschutzgesetz vom 30. April 1938 (Reichsgesetzbl. I S. 437), zuletzt geändert durch das Zuständigkeitslockerungsgesetz vom 10. März 1975 (BGBl. I S. 685),

2. das Jugendarbeitsschutzgesetz vom 9. August 1960 (BGBl. I S. 685), zuletzt geändert durch Artikel 244 des Einführungsgesetzes zum Strafgesetzbuch vom 2. März 1974 (BGBl. I S. 469),
3. die auf § 80 Nr. 3 des Bundesbeamtengesetzes gestützten Rechtsvorschriften.

(3) Die auf Grund des § 37 Abs. 2 und des § 53 des Jugendarbeitsschutzgesetzes vom 9. August 1960, des § 20 Abs. 1 des Jugendarbeitsschutzgesetzes vom 30. April 1938 und des § 120e der Gewerbeordnung erlassenen Vorschriften bleiben unberührt. Sie können, soweit sie den Geltungsbereich dieses Gesetzes betreffen, durch Rechtsverordnungen auf Grund des § 26 oder des § 46 geändert oder aufgehoben werden.

(4) Vorschriften in Rechtsverordnungen, die durch § 69 dieses Gesetzes geändert werden, können vom Bundesminister für Arbeit und Sozialordnung im Rahmen der bestehenden Ermächtigungen geändert oder aufgehoben werden.

(5) Verweisungen auf Vorschriften des Jugendarbeitsschutzgesetzes vom 9. August 1960 gelten als Verweisungen auf die entsprechenden Vorschriften dieses Gesetzes oder der auf Grund dieses Gesetzes erlassenen Rechtsverordnungen.

Gesetz zum Schutze
der erwerbstätigen Mutter

(Mutterschutzgesetz – MuSchG)

In der Fassung der Bekanntmachung vom 17. Januar 1997
(BGBl. I S. 22, ber. S. 293),

geändert durch Gesetz vom 30. November 2000
(BGBl. I S. 1638)

und 8. Euro-Einführungsgesetz, Artikel 11

Erster Abschnitt
Allgemeine Vorschriften

§ 1 Geltungsbereich

Dieses Gesetz gilt
1. für Frauen, die in einem Arbeitsverhältnis stehen,
2. für weibliche in Heimarbeit Beschäftigte und ihnen Gleichgestellte (§ 1 Abs. 1 und 2 des Heimarbeitsgesetzes vom 14. März 1951 – Bundesgestzbl. I S. 191 –), soweit sie am Stück mitarbeiten.

§ 2 Gestaltung des Arbeitsplatzes

(1) Wer eine werdende oder stillende Mutter beschäftigt, hat bei der Einrichtung und der Unterhaltung des Arbeitsplatzes einschließlich der Maschinen, Werkzeuge und Geräte und bei der Regelung der Beschäftigung die erforderlichen Vorkehrungen und Maßnahmen zum Schutze von Leben und Gesundheit der werdenden oder stillenden Mutter zu treffen.

(2) Wer eine werdende oder stillende Mutter mit Arbeiten beschäftigt, bei denen sie ständig stehen oder gehen muß, hat für sie eine Sitzgelegenheit zum kurzen Ausruhen bereitzustellen.

(3) Wer eine werdende oder stillende Mutter mit Arbeiten beschäftigt, bei denen sie ständig sitzen muß, hat ihr Gelegenheit zu kurzen Unterbrechungen ihrer Arbeit zu geben.

(4) Die Bundesregierung wird ermächtigt, durch Rechtsverordnung mit Zustimmung des Bundesrates
1. den Arbeitgeber zu verpflichten, zur Vermeidung von Gesundheitsgefährdungen der werdenden oder stillenden Mütter oder ihrer Kinder Liegeräume für diese Frauen einzurichten und sonstige Maßnahmen zur Durchführung des in Absatz 1 enthaltenen Grundsatzes zu treffen,

2. nähere Einzelheiten zu regeln wegen der Verpflichtung des Arbeitgebers zur Beurteilung einer Gefährdung für die werdenden oder stillenden Mütter, zur Durchführung der notwendigen Schutzmaßnahmen und zur Unterrichtung der betroffenen Arbeitnehmerinnen nach Maßgabe der insoweit umzusetzenden Artikel 4 bis 6 der Richtlinie 92/85/EWG des Rates vom 19. Oktober 1992 über die Durchführung von Maßnahmen zur Verbesserung der Sicherheit und des Gesundheitsschutzes von schwangeren Arbeitnehmerinnen, Wöchnerinnen und stillenden Arbeitnehmerinnen am Arbeitsplatz (ABl. EG Nr. L 348 S. 1).

(5) Unabhängig von den auf Grund des Absatzes 4 erlassenen Vorschriften kann die Aufsichtsbehörde in Einzelfällen anordnen, welche Vorkehrungen und Maßnahmen zur Durchführung des Absatzes 1 zu treffen sind.

Zweiter Abschnitt
Beschäftigungsverbote

§ 3 Beschäftigungsverbote für werdende Mütter

(1) Werdende Mütter dürfen nicht beschäftigt werden, soweit nach ärztlichem Zeugnis Leben oder Gesundheit von Mutter oder Kind bei Fortdauer der Beschäftigung gefährdet ist.

(2) Werdende Mütter dürfen in den letzten sechs Wochen vor der Entbindung nicht beschäftigt werden, es sei denn, daß sie sich zur Arbeitsleistung ausdrücklich bereit erklären; die Erklärung kann jederzeit widerrufen werden.

§ 4 Weitere Beschäftigungsverbote

(1) Werdende Mütter dürfen nicht mit schweren körperlichen Arbeiten und nicht mit Arbeiten beschäftigt werden, bei denen sie schädlichen Einwirkungen von gesundheitsgefährdenden Stoffen oder Strahlen, von Staub, Gasen oder Dämpfen, von Hitze, Kälte oder Nässe, von Erschütterungen oder Lärm ausgesetzt sind.

(2) Werdende Mütter dürfen insbesondere nicht beschäftigt werden

1. mit Arbeiten, bei denen regelmäßig Lasten von mehr als 5 kg Gewicht oder gelegentlich Lasten von mehr als 10 kg Gewicht ohne mechanische Hilfsmittel von Hand gehoben, bewegt oder befördert werden. Sollen größere Lasten mit mechanischen Hilfsmitteln von Hand gehoben, bewegt oder befördert werden, so darf die körperliche Beanspruchung der werdenden Mutter nicht größer sein als bei Arbeiten nach Satz 1,

2. nach Ablauf des fünften Monats der Schwangerschaft mit Arbeiten, bei denen sie ständig stehen müssen, soweit diese Beschäftigung täglich vier Stunden überschreitet,

3. mit Arbeiten, bei denen sie sich häufig erheblich strecken oder beugen oder bei denen sie dauernd hocken oder sich gebückt halten müssen,

4. mit der Bedienung von Geräten und Maschinen aller Art mit hoher Fußbeanspruchung, insbesondere von solchen mit Fußantrieb,

5. mit dem Schälen von Holz,

6. mit Arbeiten, bei denen sie infolge ihrer Schwangerschaft in besonderem Maße der Gefahr, an einer Berufskrankheit zu erkranken, ausgesetzt sind oder bei denen durch das Risiko der Entstehung einer Berufskrankheit eine erhöhte Gefährdung für die werdende Mutter oder eine Gefahr für die Leibesfrucht besteht,

7. nach Ablauf des dritten Monats der Schwangerschaft auf Beförderungsmitteln,

8. mit Arbeiten, bei denen sie erhöhten Unfallgefahren, insbesondere der Gefahr auszugleiten, zu fallen oder abzustürzen, ausgesetzt sind.

(3) Die Beschäftigung von werdenden Müttern mit

1. Akkordarbeit und sonstigen Arbeiten, bei denen durch ein gesteigertes Arbeitstempo ein höheres Entgelt erzielt werden kann,

2. Fließarbeit mit vorgeschriebenem Arbeitstempo

ist verboten. Die Aufsichtsbehörde kann Ausnahmen bewilligen, wenn die Art der Arbeit und das Arbeitstempo eine Beeinträchtigung der Gesundheit von Mutter oder Kind nicht befürchten lassen. Die Aufsichtsbehörde kann die Beschäftigung für alle werdenden Mütter eines Betriebes oder einer Betriebsabteilung bewilligen, wenn die Voraussetzungen des Satzes 2 für alle im Betrieb oder in der Betriebsabteilung beschäftigten Frauen gegeben sind.

(4) Die Bundesregierung wird ermächtigt, zur Vermeidung von Gesundheitsgefährdungen der werdenden oder stillenden Mütter und ihrer Kinder durch Rechtsverordnung mit Zustimmung des Bundesrates

1. Arbeiten zu bestimmen, die unter die Beschäftigungsverbote der Absätze 1 und 2 fallen,
2. weitere Beschäftigungsverbote für werdende und stillende Mütter vor und nach der Entbindung zu erlassen.

(5) Die Aufsichtsbehörde kann in Einzelfällen bestimmen, ob eine Arbeit unter die Beschäftigungsverbote der Absätze 1 bis 3 oder einer von der Bundesregierung gemäß Absatz 4 erlassenen Verordnung fällt. Sie kann in Einzelfällen die Beschäftigung mit bestimmten anderen Arbeiten verbieten.

§ 5 Mitteilungspflicht, ärztliches Zeugnis

(1) Werdende Mütter sollen dem Arbeitgeber ihre Schwangerschaft und den mutmaßlichen Tag der Entbindung mitteilen, sobald ihnen ihr Zustand bekannt ist. Auf Verlangen des Arbeitgebers sollen sie das Zeugnis eines Arztes oder einer Hebamme vorlegen. Der Arbeitgeber hat die Aufsichtsbehörde unverzüglich von der Mitteilung der werdenden Mutter zu benachrichtigen. Er darf die Mitteilung der werdenden Mutter Dritten nicht unbefugt bekanntgeben.

(2) Für die Berechnung der in § 3 Abs. 2 bezeichneten Zeiträume vor der Entbindung ist das Zeugnis eines Arztes oder einer Hebamme maßgebend; das Zeugnis soll den mutmaßlichen Tag der

Entbindung angeben. Irrt sich der Arzt oder die Hebamme über den Zeitpunkt der Entbindung, so verkürzt oder verlängert sich diese Frist entsprechend.

(3) Die Kosten für die Zeugnisse nach den Absätzen 1 und 2 trägt der Arbeitgeber.

§ 6 Beschäftigungsverbote nach der Entbindung

(1) Wöchnerinnen dürfen bis zum Ablauf von acht Wochen nach der Entbindung nicht beschäftigt werden. Für Mütter nach Früh- und Mehrlingsgeburten verlängert sich diese Frist auf zwölf Wochen, bei Frühgeburten zusätzlich um den Zeitraum, der nach § 3 Abs. 2 nicht in Anspruch genommen werden konnte. Beim Tode ihres Kindes kann die Mutter auf ihr ausdrückliches Verlangen schon vor Ablauf dieser Fristen wieder beschäftigt werden, wenn nach ärztlichem Zeugnis nichts dagegen spricht. Sie kann ihre Erklärung jederzeit widerrufen.

(2) Frauen, die in den ersten Monaten nach der Entbindung nach ärztlichem Zeugnis nicht voll leistungsfähig sind, dürfen nicht zu einer ihre Leistungsfähigkeit übersteigenden Arbeit herangezogen werden.

(3) Stillende Mütter dürfen mit den in § 4 Abs. 1 und Abs. 2 Nr. 1, 3, 4, 5, 6 und 8 sowie mit den in Abs. 3 Satz 1 genannten Arbeiten nicht beschäftigt werden. Die Vorschriften des § 4 Abs. 3 Satz 2 und 3 sowie Abs. 5 gelten entsprechend.

§ 7 Stillzeit

(1) Stillenden Müttern ist auf ihr Verlangen die zum Stillen erforderliche Zeit, mindestens aber zweimal täglich eine halbe Stunde oder einmal täglich eine Stunde freizugeben. Bei einer zusammenhängenden Arbeitszeit von mehr als acht Stunden soll auf Verlangen zweimal eine Stillzeit von mindestens fünfundvierzig Minuten oder, wenn in der Nähe der Arbeitsstätte keine Stillgelegenheit

vorhanden ist, einmal eine Stillzeit von mindestens 90 Minuten gewährt werden. Die Arbeitszeit gilt als zusammenhängend, soweit sie nicht durch eine Ruhepause von mindestens zwei Stunden unterbrochen wird.

(2) Durch die Gewährung der Stillzeit darf ein Verdienstausfall nicht eintreten. Die Stillzeit darf von stillenden Müttern nicht vor- oder nachgearbeitet und nicht auf die in dem Arbeitszeitgesetz oder in anderen Vorschriften festgesetzten Ruhepausen angerechnet werden.

(3) Die Aufsichtsbehörde kann in Einzelfällen nähere Bestimmungen über Zahl, Lage und Dauer der Stillzeiten treffen; sie kann die Einrichtung von Stillräumen vorschreiben.

(4) Der Auftraggeber oder Zwischenmeister hat den in Heimarbeit Beschäftigten und den ihnen Gleichgestellten für die Stillzeit ein Entgelt von 75 vom Hundert eines durchschnittlichen Stundenverdienstes, mindestens aber 0,38 EURO für jeden Werktag, zu zahlen. Ist die Frau für mehrere Auftraggeber oder Zwischenmeister tätig, so haben diese das Entgelt für die Stillzeit zu gleichen Teilen zu gewähren. Auf das Entgelt finden die Vorschriften der §§ 23 bis 25 des Heimarbeitsgesetzes vom 14. März 1951 (Bundesgesetzbl. I S. 191) über den Entgeltschutz Anwendung.

§ 8 Mehrarbeit, Nacht- und Sonntagsarbeit

(1) Werdende und stillende Mütter dürfen nicht mit Mehrarbeit, nicht in der Nacht zwischen 20 und 6 Uhr und nicht an Sonn- und Feiertagen beschäftigt werden.

(2) Mehrarbeit im Sinne des Absatzes 1 ist jede Arbeit, die
1. von Frauen unter 18 Jahren über 8 Stunden täglich oder 80 Stunden in der Doppelwoche,
2. von sonstigen Frauen über 8 $1/2$ Stunden täglich oder 90 Stunden in der Doppelwoche

hinaus geleistet wird. In die Doppelwoche werden die Sonntage eingerechnet.

(3) Abweichend vom Nachtarbeitsverbot des Absatzes 1 dürfen
werdende Mütter in den ersten vier Monaten der Schwangerschaft
und stillende Mütter beschäftigt werden

1. in Gast- und Schankwirtschaften und im übrigen Beherbergungswesen bis 22 Uhr,
2. in der Landwirtschaft mit dem Melken von Vieh ab 5 Uhr,
3. als Künstlerinnen bei Musikaufführungen, Theatervorstellungen und ähnlichen Aufführungen bis 23.00 Uhr.

(4) Im Verkehrswesen, in Gast- und Schankwirtschaften und im
übrigen Beherbergungswesen, im Familienhaushalt, in Kranken-
pflege- und in Badeanstalten, bei Musikaufführungen, Theatervorstellungen, anderen Schaustellungen, Darbietungen oder Lust-
barkeiten dürfen werdende oder stillende Mütter, abweichend von
Absatz 1, an Sonn- und Feiertagen beschäftigt werden, wenn ihnen
in jeder Woche einmal eine ununterbrochene Ruhezeit von mindestens 24 Stunden im Anschluß an eine Nachtruhe gewährt wird.

(5) An in Heimarbeit Beschäftigten und ihnen Gleichgestellten, die
werdende oder stillende Mütter sind, darf Heimarbeit nur in sol-
chem Umfang und mit solchen Fertigungsfristen ausgegeben werden, daß sie von der werdenden Mutter voraussichtlich während einer achtstündigen Tagesarbeitszeit, von der stillenden Mutter voraussichtlich während einer $7^{1}/_{4}$ stündigen Tagesarbeitszeit an Werktagen ausgeführt werden kann. Die Aufsichtsbehörde kann in Einzelfällen nähere Bestimmungen über die Arbeitsmenge treffen; falls
ein Heimarbeitsausschuß besteht, hat sie diesen vorher zu hören.

(6) Die Aufsichtsbehörde kann in begründeten Einzelfällen Ausnahmen von den vorstehenden Vorschriften zulassen.

Dritter Abschnitt
Kündigung

§ 9 Kündigungsverbot

(1) Die Kündigung gegenüber einer Frau während der Schwangerschaft und bis zum Ablauf von vier Monaten nach der Entbindung

ist unzulässig, wenn dem Arbeitgeber zur Zeit der Kündigung die Schwangerschaft oder Entbindung bekannt war oder innerhalb zweier Wochen nach Zugang der Kündigung mitgeteilt wird; das Überschreiten dieser Frist ist unschädlich, wenn es auf einem von der Frau nicht zu vertretenden Grund beruht und die Mitteilung unverzüglich nachgeholt wird. Die Vorschrift des Satzes 1 gilt für Frauen, die den in Heimarbeit Beschäftigten gleichgestellt sind, nur, wenn sich die Gleichstellung auch auf den Neunten Abschnitt – Kündigung – des Heimarbeitsgesetzes vom 14. März 1951 (BGBl. I S. 191) erstreckt.

(2) Kündigt eine schwangere Frau, gilt § 5 Abs. 1 Satz 3 entsprechend.

(3) Die für den Arbeitsschutz zuständige oberste Landesbehörde oder die von ihr bestimmte Stelle kann in besonderen Fällen, die nicht mit dem Zustand einer Frau während der Schwangerschaft oder ihrer Lage bis zum Ablauf von vier Monaten nach der Entbindung in Zusammenhang stehen, ausnahmsweise die Kündigung für zulässig erklären. Die Kündigung bedarf der schriftlichen Form, und sie muß den zulässigen Kündigungsgrund angeben.

(4) In Heimarbeit Beschäftigte und ihnen Gleichgestellte dürfen während der Schwangerschaft und bis zum Ablauf von vier Monaten nach der Entbindung nicht gegen ihren Willen bei der Ausgabe von Heimarbeit ausgeschlossen werden; die Vorschriften der §§ 3, 4, 6 und 8 Abs. 5 bleiben unberührt.

§ 10 Erhaltung von Rechten

(1) Eine Frau kann während der Schwangerschaft und während der Schutzfrist nach der Entbindung (§ 6 Abs. 1) das Arbeitsverhältnis ohne Einhaltung einer Frist zum Ende der Schutzfrist nach der Entbindung kündigen.

(2) Wird das Arbeitsverhältnis nach Absatz 1 aufgelöst und wird die Frau innerhalb eines Jahres nach der Entbindung in ihrem bis-

herigen Betrieb wieder eingestellt, so gilt, soweit Rechte aus dem Arbeitsverhältnis von der Dauer der Betriebs- oder Berufszugehörigkeit oder von der Dauer der Beschäftigungs- oder Dienstzeit abhängen, das Arbeitsverhältnis als nicht unterbrochen. Dies gilt nicht, wenn die Frau in der Zeit von der Auflösung des Arbeitsverhältnisses bis zur Wiedereinstellung bei einem anderen Arbeitgeber beschäftigt war.

Vierter Abschnitt
Leistungen

§ 11 Arbeitsentgelt bei Beschäftigungsverboten

(1) Den unter den Geltungsbereich des § 1 fallenden Frauen ist, soweit sie nicht Mutterschaftsgeld nach den Vorschriften der Reichsversicherungsordnung beziehen können, vom Arbeitgeber mindestens der Durchschnittsverdienst der letzten dreizehn Wochen oder der letzten drei Monate vor Beginn des Monats, in dem die Schwangerschaft eingetreten ist, weiter zu gewähren, wenn sie wegen eines Beschäftigungsverbots nach § 3 Abs. 1, §§ 4, 6 Abs. 2 oder 3 oder wegen des Mehr-, Nacht- oder Sonntagsarbeitsverbots nach § 8 Abs. 1, 3 oder 5 teilweise oder völlig mit der Arbeit aussetzen. Dies gilt auch, wenn wegen dieser Verbote die Beschäftigung oder die Entlohnungsart wechselt. Wird das Arbeitsverhältnis erst nach Eintritt der Schwangerschaft begonnen, so ist der Durchschnittsverdienst aus dem Arbeitsentgelt der ersten dreizehn Wochen oder drei Monate der Beschäftigung zu berechnen. Hat das Arbeitsverhältnis nach Satz 1 oder 3 kürzer gedauert, so ist der kürzere Zeitraum der Berechnung zugrunde zu legen. Zeiten, in denen kein Arbeitsentgelt erzielt wurde, bleiben außer Betracht.

(2) Bei Verdiensterhöhungen nicht nur vorübergehender Natur, die während oder nach Ablauf des Berechnungszeitraums eintreten, ist von dem erhöhten Verdienst auszugehen. Verdienstkürzungen, die im Berechnungszeitraum infolge von Kurzarbeit, Arbeitsaus-

ten, wenn deren Arbeitsverhältnis nicht während ihrer Schwangerschaft oder während der Schutzfrist des § 6 Abs. 1 vom Arbeitgeber zulässig aufgelöst worden wäre. Dies gilt nicht, soweit sie eine zulässige Teilzeitarbeit leisten.

§ 15 Sonstige Leistungen bei Schwangerschaft und Mutterschaft

Frauen, die in der gesetzlichen Krankenversicherung versichert sind, erhalten auch die folgenden Leistungen bei Schwangerschaft und Mutterschaft nach den Vorschriften der Reichsversicherungsordnung oder des Gesetzes über die Krankenversicherung der Landwirte:
1. ärztliche Betreuung und Hebammenhilfe,
2. Versorgung mit Arznei-, Verband- und Heilmitteln,
3. stationäre Entbindung,
4. häusliche Pflege,
5. Haushaltshilfe,
6. Entbindungsgeld.

§ 16 Freizeit für Untersuchungen

Der Arbeitgeber hat der Frau die Freizeit zu gewähren, die zur Durchführung der Untersuchungen im Rahmen der Leistungen der gesetzlichen Krankenversicherung bei Schwangerschaft und Mutterschaft erforderlich ist. Entsprechendes gilt zugunsten der Frau, die nicht in der gesetzlichen Krankenversicherung versichert ist. Ein Entgeltausfall darf hierdurch nicht eintreten.

§ 17 (aufgehoben)

Fünfter Abschnitt
Durchführung des Gesetzes

§ 18 Auslage des Gesetzes

(1) In Betrieben und Verwaltungen, in denen regelmäßig mehr als drei Frauen beschäftigt werden, ist ein Abdruck dieses Gesetzes an geeigneter Stelle zur Einsicht auszulegen oder auszuhängen.

(2) Wer Heimarbeit ausgibt oder abnimmt, hat in den Räumen der Ausgabe und Abnahme einen Abdruck dieses Gesetzes an geeigneter Stelle zur Einsicht auszulegen oder auszuhängen.

§ 19 Auskunft

(1) Der Arbeitgeber ist verpflichtet, der Aufsichtsbehörde auf Verlangen

1. die zur Erfüllung der Aufgaben dieser Behörde erforderlichen Angaben wahrheitsgemäß und vollständig zu machen,
2. die Unterlagen, aus denen Namen, Beschäftigungsart und -zeiten der werdenden und stillenden Mütter sowie Lohn- und Gehaltszahlungen ersichtlich sind, und alle sonstigen Unterlagen, die sich auf die zu Nummer 1 zu machenden Angaben beziehen, zur Einsicht vorzulegen oder einzusenden.

(2) Die Unterlagen sind mindestens bis zum Ablauf von zwei Jahren nach der letzten Eintragung aufzubewahren.

§ 20 Aufsichtsbehörden

(1) Die Aufsicht über die Ausführung der Vorschriften dieses Gesetzes und der auf Grund dieses Gesetzes erlassenen Vorschriften obliegt den nach Landesrecht zuständigen Behörden (Aufsichtsbehörden).

(2) Die Aufsichtbehörden haben dieselben Befugnisse und Obliegenheiten wie nach § 139b der Gewerbeordnung die dort genannten besonderen Beamten. Das Grundrecht der Unverletzlichkeit der Wohnung (Artikel 13 des Grundgesetzes) wird insoweit eingeschränkt.

Sechster Abschnitt
Straftaten und Ordnungswidrigkeiten

§ 21 Straftaten und Ordnungswidrigkeiten

(1) Ordnungswidrig handelt der Arbeitgeber, der vorsätzlich oder fahrlässig

1. den Vorschriften der §§ 3, 4 Abs. 1 bis 3 Satz 1 oder § 6 Abs. 1 bis 3 Satz 1 über die Beschäftigungsverbote vor und nach der Entbindung,

2. den Vorschriften des § 7 Abs. 1 Satz 1 oder Abs. 2 Satz 2 über die Stillzeit,

3. den Vorschriften des § 8 Abs. 1 oder Abs. 3 bis 5 Satz 1 über Mehr-, Nacht- oder Sonntagsarbeit,

4. den auf Grund des § 4 Abs. 4 erlassenen Vorschriften, soweit sie für einen bestimmten Tatbestand auf diese Bußgeldvorschrift verweisen,

5. einer vollziehbaren Verfügung der Aufsichtsbehörde nach § 2 Abs. 5, § 4 Abs. 5, § 6 Abs. 3 Satz 2, § 7 Abs. 3 oder § 8 Abs. 5 Satz 2 Halbsatz 1,

6. den Vorschriften des § 5 Abs. 1 Satz 3 über die Benachrichtigung,

7. der Vorschrift des § 16 Satz 1 auch in Verbindung mit Satz 2 über die Freizeit für Untersuchungen oder

8. den Vorschriften des § 18 über die Auslage des Gesetzes oder des § 19 über die Einsicht, Aufbewahrung und Vorlage der Unterlagen und über die Auskunft

zuwiderhandelt.

(2) Die Ordnungswidrigkeit nach Absatz 1 Nr. 1 bis 5 kann mit einer Geldbuße bis zu 15.000 EURO, die Ordnungswidrigkeit nach Absatz 1 Nr. 6 bis 8 mit einer Geldbuße bis zu 2.500 EURO geahndet werden.

(3) Wer vorsätzlich eine der in Absatz 1 Nr. 1 bis 5 bezeichneten Handlungen begeht und dadurch die Frau in ihrer Arbeitskraft

oder Gesundheit gefährdet, wird mit Freiheitsstrafe bis zu einem Jahr oder mit Geldstrafe bestraft.

(4) Wer in den Fällen des Absatzes 3 die Gefahr fahrlässig verursacht, wird mit Freiheitsstrafe bis zu sechs Monaten oder mit Geldstrafe bis zu einhundertachtzig Tagessätzen bestraft.

§§ 22, 23 (aufgehoben)

Siebenter Abschnitt
Schlußvorschriften

§ 24 In Heimarbeit Beschäftigte

Für die Heimarbeit-Beschäftigten und die ihnen Gleichgestellten gelten
1. §§ 3, 4 und § 6 mit der Maßgabe, daß an die Stelle der Beschäftigungsverbote das Verbot der Ausgabe von Heimarbeit tritt,
2. § 2 Abs. 4, § 5 Abs. 1 und 3, § 9 Abs. 1, § 11 Abs. 1, § 13 Abs. 2, §§ 14, 16, 19 Abs. 1 und § 21 Abs. 1 mit der Maßgabe, daß an die Stelle des Arbeitgebers der Auftraggeber oder Zwischenmeister tritt.

§ 25 (aufgehoben)

Gesetz zum Schutz der Beschäftigten vor sexueller Belästigung am Arbeitsplatz

(Beschäftigtenschutzgesetz – BSchG)

In der Fassung vom 24. Juni 1994
(BGBl. I S. 1406)
(BGBl. III/FNA 8054-1)

§ 1 Ziel, Anwendungsbereich

(1) Ziel des Gesetzes ist die Wahrung der Würde von Frauen und Männern durch den Schutz vor sexueller Belästigung am Arbeitsplatz.

(2) Beschäftigte im Sinne dieses Gesetzes sind
1. die Arbeitnehmerinnen und Arbeitnehmer in Betrieben und Verwaltungen des privaten oder öffentlichen Rechts (Arbeiterinnen und Arbeiter, Angestellte, zu ihrer Berufsbildung Beschäftigte), ferner Personen, die wegen ihrer wirtschaftlichen Unselbständigkeit als arbeitnehmerähnliche Personen anzusehen sind. Zu diesen gehören auch die in Heimarbeit Beschäftigten und die ihnen Gleichgestellten; für sie tritt an die Stelle des Arbeitgebers der Auftraggeber oder Zwischenmeister;
2. die Beamtinnen und Beamten des Bundes, der Länder, der Gemeinden, der Gemeindeverbände sowie der sonstigen der Aufsicht des Bundes oder eines Landes unterstehenden Körperschaften, Anstalten und Stiftungen des öffentlichen Rechts;
3. die Richterinnen und Richter des Bundes und der Länder;
4. weibliche und männliche Soldaten (§ 6).

§ 2 Schutz vor sexueller Belästigung

(1) Arbeitgeber und Dienstvorgesetzte haben die Beschäftigten vor sexueller Belästigung am Arbeitsplatz zu schützen. Dieser Schutz umfaßt auch vorbeugende Maßnahmen.

(2) Sexuelle Belästigung am Arbeitsplatz ist jedes vorsätzliche, sexuell bestimmte Verhalten, das die Würde von Beschäftigten am Arbeitsplatz verletzt. Dazu gehören
1. sexuelle Handlungen und Verhaltensweisen, die nach den strafgesetzlichen Vorschriften unter Strafe gestellt sind, sowie
2. sonstige sexuelle Handlungen und Aufforderungen zu diesen, sexuell bestimmte körperliche Berührungen, Bemerkungen sexuellen Inhalts sowie Zeigen und sichtbares Anbringen von

pornographischen Darstellungen, die von den Betroffenen erkennbar abgelehnt werden.

(3) Sexuelle Belästigung am Arbeitsplatz ist eine Verletzung der arbeitsvertraglichen Pflichten oder ein Dienstvergehen.

§ 3 Beschwerderecht der Beschäftigten

(1) Die betroffenen Beschäftigten haben das Recht, sich bei den zuständigen Stellen des Betriebes oder der Dienststelle zu beschweren, wenn sie sich vom Arbeitgeber, von Vorgesetzten, von anderen Beschäftigten oder von Dritten am Arbeitsplatz sexuell belästigt im Sinne des § 2 Abs. 2 fühlen. Die Vorschriften der §§ 84, 85 des Betriebsverfassungsgesetzes bleiben unberührt.

(2) Der Arbeitgeber oder Dienstvorgesetzte hat die Beschwerde zu prüfen und geeignete Maßnahmen zu treffen, um die Fortsetzung einer festgestellten Belästigung zu unterbinden.

§ 4 Maßnahmen des Arbeitgebers oder Dienstvorgesetzten, Leistungsverweigerungsrecht

(1) Bei sexueller Belästigung hat
1. der Arbeitgeber die im Einzelfall angemessenen arbeitsrechtlichen Maßnahmen wie Abmahnung, Umsetzung, Versetzung oder Kündigung zu ergreifen. Die Rechte des Betriebsrates nach § 87 Abs. 1 Nr. 1, §§ 99 und 102 des Betriebsverfassungsgesetzes und des Personalrates nach § 75 Abs. 1 Nr. 2 bis 4a und Abs. 3 Nr. 15, § 77 Abs. 2 und § 79 des Bundespersonalvertretungsgesetzes sowie nach den entsprechenden Vorschriften der Personalvertretungsgesetze der Länder bleiben unberührt;
2. der Dienstvorgesetzte die erforderlichen dienstrechtlichen und personalwirtschaftlichen Maßnahmen zu treffen. Die Rechte des Personalrates in Personalangelegenheiten der Beamten nach den §§ 76, 77 und 78 des Bundespersonalvertretungsgesetzes sowie nach den entsprechenden Vorschriften der Personalvertretungsgesetze der Länder bleiben unberührt.

(2) Ergreift der Arbeitgeber oder Dienstvorgesetzte keine oder offensichtlich ungeeignete Maßnahmen zur Unterbindung der sexuellen Belästigung, sind die belästigten Beschäftigten berechtigt, ihre Tätigkeit am betreffenden Arbeitsplatz ohne Verlust des Arbeitsentgelts und der Bezüge einzustellen, soweit dies zu ihrem Schutz erforderlich ist.

(3) Der Arbeitgeber oder Dienstvorgesetzte darf die belästigten Beschäftigten nicht benachteiligen, weil diese sich gegen eine sexuelle Belästigung gewehrt und in zulässiger Weise ihre Rechte ausgeübt haben.

§ 5 Fortbildung für Beschäftigte im öffentlichen Dienst

Im Rahmen der beruflichen Aus- und Fortbildung von Beschäftigten im öffentlichen Dienst sollen die Problematik der sexuellen Belästigung am Arbeitsplatz, der Rechtsschutz für die Betroffenen und die Handlungsverpflichtungen des Dienstvorgesetzten berücksichtigt werden. Dies gilt insbesondere bei der Fortbildung von Beschäftigten der Personalverwaltung, Personen mit Vorgesetzten- und Leitungsaufgaben, Ausbildern sowie Mitgliedern des Personalrates und Frauenbeauftragten.

§ 6 Sonderregelungen für Soldaten

Für weibliche und männliche Soldaten bleiben die Vorschriften des Soldatengesetzes, der Wehrdisziplinarordnung und der Wehrbeschwerdeordnung unberührt.

§ 7 Bekanntgabe des Gesetzes

In Betrieben und Dienststellen ist dieses Gesetz an geeigneter Stelle zu Einsicht auszulegen oder auszuhängen.

Bürgerliches Gesetzbuch

(BGB)

Vom 18. August 1896 (RGBl. S. 195)

Zuletzt geändert durch Gesetz vom 13. September 2001
(BGBl. I S. 2376)

Auszüge:

§ 611a   Benachteiligungsverbot
§ 611b   Arbeitsplatzausschreibung
§ 612   Vergütung
§ 612a   Maßregelungsverbot

§ 611a Benachteiligungsverbot

(1) Der Arbeitgeber darf einen Arbeitnehmer bei einer Vereinbarung oder einer Maßnahme, insbesondere bei der Begründung des Arbeitsverhältnisses, beim beruflichen Aufstieg, bei einer Weisung oder einer Kündigung, nicht wegen seines Geschlechts benachteiligen. Eine unterschiedliche Behandlung wegen des Geschlechts ist jedoch zulässig, soweit eine Vereinbarung oder eine Maßnahme die Art der vom Arbeitnehmer auszuübenden Tätigkeit zum Gegenstand hat und ein bestimmtes Geschlecht unverzichtbare Voraussetzung für diese Tätigkeit ist. Wenn im Streitfall der Arbeitnehmer Tatsachen glaubhaft macht, die eine Benachteiligung wegen des Geschlechts vermuten lassen, trägt der Arbeitgeber die Beweislast dafür, daß nicht auf das Geschlecht bezogene, sachliche Gründe eine unterschiedliche Behandlung rechtfertigen oder das Geschlecht unverzichtbare Voraussetzung für die auszuübende Tätigkeit ist.

(2) Verstößt der Arbeitgeber gegen das in Absatz 1 geregelte Benachteiligungsverbot bei der Begründung eines Arbeitsverhältnisses, so kann der hierdurch benachteiligte Bewerber eine angemessene Entschädigung in Geld verlangen; ein Anspruch auf Begründung eines Arbeitsverhältnisses besteht nicht.

(3) Wäre der Bewerber auch bei benachteiligungsfreier Auswahl nicht eingestellt worden, so hat der Arbeitgeber eine angemessene Entschädigung in Höhe von höchstens drei Monatsverdiensten zu leisten. Als Monatsverdienst gilt, was dem Bewerber bei regelmäßiger Arbeitszeit in dem Monat, in dem das Arbeitsverhältnis hätte begründet werden sollen, an Geld- und Sachbezügen zugestanden hätte.

(4) Ein Anspruch nach den Absätzen 2 und 3 muß innerhalb einer Frist, die mit Zugang der Ablehnung der Bewerbung beginnt, schriftlich geltend gemacht werden. Die Länge der Frist bemißt sich nach einer für die Geltendmachung von Schadensersatzansprüchen im angestrebten Arbeitsverhältnis vorgesehenen Ausschlußfrist; sie beträgt mindestens zwei Monate. Ist eine solche Frist für das angestrebte Arbeitsverhältnis nicht bestimmt, so beträgt die Frist sechs Monate.

(5) Die Absätze 2 bis 4 gelten beim beruflichen Aufstieg entsprechend, wenn auf den Aufstieg kein Anspruch besteht.

§ 611b Arbeitsplatzausschreibung

Der Arbeitgeber darf einen Arbeitsplatz weder öffentlich noch innerhalb des Betriebs nur für Männer oder nur für Frauen ausschreiben, es sei denn, daß ein Fall des § 611a Abs. 1 Satz 2 vorliegt.

§ 612 Vergütung

(3) Bei einem Arbeitsverhältnis darf für gleiche oder für gleichwertige Arbeit nicht wegen des Geschlechts des Arbeitnehmers eine geringere Vergütung vereinbart werden als bei einem Arbeitnehmer des anderen Geschlechts. Die Vereinbarung einer geringeren Vergütung wird nicht dadurch gerechtfertigt, daß wegen des Geschlechts des Arbeitnehmers besondere Schutzvorschriften gelten. § 611a Abs. 1 Satz 3 ist entsprechend anzuwenden.

§ 612a Maßregelungsverbot

Der Arbeitgeber darf einen Arbeitnehmer bei einer Vereinbarung oder einer Maßnahme nicht benachteiligen, weil der Arbeitnehmer in zulässiger Weise seine Rechte ausübt.

Arbeitsgerichtsgesetz

(ArbGG)

In der Fassung der Bekanntmachung vom 2. Juli 1979
(BGBl. I S. 853, ber. S. 1036)
Zuletzt geändert durch Gesetz vom 27. Juli 2001
(BGBl. I S. 1887)

**§ 61b Besondere Vorschriften für Klagen wegen geschlechts-
bedingter Benachteiligung**

(1) Eine Klage auf Entschädigung nach § 611a Abs. 2 des Bürgerlichen Gesetzbuches muß innerhalb von drei Monaten, nachdem der Anspruch schriftlich geltend gemacht worden ist, erhoben werden.

(2) Machen mehrere Bewerber wegen Benachteiligung bei der Begründung eines Arbeitsverhältnisses oder beim beruflichen Aufstieg eine Entschädigung nach § 611a Abs. 2 des Bürgerlichen Gesetzbuchs gerichtlich geltend, so wird auf Antrag des Arbeitgebers das Arbeitsgericht, bei dem die erste Klage erhoben ist, auch für die übrigen Klagen ausschließlich zuständig. Die Rechtsstreitigkeiten sind von Amts wegen an dieses Arbeitsgericht zu verweisen; die Prozesse sind zur gleichzeitigen Verhandlung und Entscheidung zu verbinden.

(3) Auf Antrag des Arbeitgebers findet die mündliche Verhandlung nicht vor Ablauf von sechs Monaten seit Erhebung der ersten Klage statt.

Hinweis zum BGB und ArbGG

Hinweis zu §§ 611a, 611b, 612 Abs. 3, 612a BGB und § 61b ArbGG:

In Betrieben, in denen in der Regel mehr als fünf Arbeitnehmer beschäftigt sind, ist ein Abdruck der §§ 611a, 611b, 612 Abs. 3 und des § 612a des Bürgerlichen Gesetzbuches sowie des § 61b des Arbeitsgerichtsgesetzes an geeigneter Stelle zur Einsicht auszulegen oder auszuhändigen (siehe Art. 9 des 2. GleiBG vom 14.06.1994, BGBl. I S. 1406).

Gesetz über den Ladenschluss
(LadschlG)

vom 28. November 1956

(BGBl. I S. 875/BGBl. III 8050-20)
Zuletzt geändert durch Gesetz
vom 21. Dezember 2000
(BGBl. I S. 1983)

Erster Abschnitt
Begriffsbestimmungen

§ 1 Verkaufsstellen

(1) Verkaufsstellen im Sinne dieses Gesetzes sind

1. Ladengeschäfte aller Art, Apotheken, Tankstellen, Warenautomaten und Bahnhofsverkaufsstellen,

2. sonstige Verkaufsstände und -buden, Kioske, Basare und ähnliche Einrichtungen, falls in ihnen ebenfalls von einer festen Stelle aus ständig Waren zum Verkauf an jedermann feilgehalten werden. Dem Feilhalten steht das Zeigen von Mustern, Proben und ähnlichem gleich, wenn Warenbestellungen in der Einrichtung entgegengenommen werden,

3. Verkaufsstellen von Genossenschaften.

(2) Zur Herbeiführung einer einheitlichen Handhabung des Gesetzes kann das Bundesministerium für Arbeit und Sozialordnung im Einvernehmen mit dem Bundesministerium für Wirtschaft durch Rechtsverordnung mit Zustimmung des Bundesrates bestimmen, welche Einrichtungen Verkaufsstellen gemäß Absatz 1 sind.

§ 2 Begriffsbestimmungen

(1) Feiertage im Sinne dieses Gesetzes sind die gesetzlichen Feiertage.

(2) Reisebedarf im Sinne dieses Gesetzes sind Zeitungen, Zeitschriften, Straßenkarten, Stadtpläne, Reiselektüre, Schreibmaterialien, Tabakwaren, Schnittblumen, Reisetoilettenartikel, Filme, Tonträger, Bedarf für Reiseapotheken, Reiseandenken und Spielzeug geringeren Wertes, Lebens- und Genußmittel in kleineren Mengen sowie ausländische Geldsorten.

Zweiter Abschnitt
Ladenschlusszeiten

§ 3 Allgemeine Ladenschlusszeiten

(1) Verkaufsstellen müssen zu folgenden Zeiten für den geschäftlichen Verkehr mit Kunden geschlossen sein:

1. an Sonn- und Feiertagen,

2. montags bis freitags bis 6 Uhr und ab 20 Uhr,

3. samstags bis 6 Uhr und ab 16 Uhr,

4. an den vier aufeinanderfolgenden Samstagen vor dem 24. Dezember bis 6 Uhr und ab 18 Uhr,

5. am 24. Dezember, wenn dieser Tag auf einen Werktag fällt, bis 6 Uhr und ab 14 Uhr.

Verkaufsstellen für Bäckerwaren dürfen abweichend von Satz 1 den Beginn der Ladenöffnungszeit an Werktagen auf 5.30 Uhr vorverlegen. Die beim Ladenschluss anwesenden Kunden dürfen noch bedient werden.

(2) Empfehlungen über Ladenöffnungszeiten nach § 38 Abs. 2 Nr.1 des Gesetzes gegen Wettbewerbsbeschränkungen sind auch unter Einbeziehung der Großbetriebsformen des Einzelhandels zulässig.

§ 4 Apotheken

(1) Abweichend von den Vorschriften des § 3 dürfen Apotheken an allen Tagen während des ganzen Tages geöffnet sein. An Werktagen während der allgemeinen Ladenschlusszeiten (§ 3) und an Sonn- und Feiertagen ist nur die Abgabe von Arznei-, Krankenpflege-, Säuglingspflege- und Säuglingsnährmitteln, hygienischen Artikeln sowie Desinfektionsmitteln gestattet.

(2) Die nach Landesrecht zuständige Verwaltungsbehörde hat für eine Gemeinde oder für benachbarte Gemeinden mit mehreren Apotheken anzuordnen, dass während der allgemeinen Ladenschlusszeiten (§ 3) abwechselnd ein Teil der Apotheken geschlossen sein muss. An den geschlossenen Apotheken ist an sichtbarer Stelle ein Aushang anzubringen, der die zur Zeit offenen Apotheken bekanntgibt. Dienstbereitschaft der Apotheken steht der Offenhaltung gleich.

§ 5 Zeitungen und Zeitschriften

Abweichend von den Vorschriften des § 3 dürfen Kioske für den Verkauf von Zeitungen und Zeitschriften

1. an Samstagen durchgehend von 6 Uhr bis 19 Uhr,

2. an Sonn- und Feiertagen von 11 Uhr bis 13 Uhr

geöffnet sein.

§ 6 Tankstellen

(1) Abweichend von den Vorschriften des § 3 dürfen Tankstellen an allen Tagen während des ganzen Tages geöffnet sein.

(2) An Werktagen während der allgemeinen Ladenschlusszeiten (§ 3) und an Sonn- und Feiertagen ist nur die Abgabe von Ersatzteilen für Kraftfahrzeuge, soweit dies für die Erhaltung oder Wiederherstellung der Fahrbereitschaft notwendig ist, sowie die Abgabe von Betriebsstoffen und von Reisebedarf gestattet.

§ 7 Warenautomaten

(1) Abweichend von den Vorschriften des § 3 dürfen Warenautomaten an allen Tagen während des ganzen Tages benutzbar sein.

(2) Für Warenautomaten, die Verkaufsstellen auf Personenbahnhöfen oder auf Flughäfen im Sinne der §§ 8 und 9 sind, treten an die Stelle der Vorschriften des Absatzes 1 die Vorschriften der §§ 8 und 9. Warenautomaten, die in Gaststätten oder Betrieben aufgestellt sind, unterliegen nicht den Vorschriften dieses Gesetzes.

(3) Das Bundesministerium für Arbeit und Sozialordnung wird ermächtigt, im Einvernehmen mit dem Bundesministerium für Wirtschaft zur Durchführung der Vorschrift des Absatzes 1 Rechtsverordnungen mit Zustimmung des Bundesrates zu erlassen, die den Verkauf aus Warenautomaten während der allgemeinen Ladenschlusszeiten (§ 3) näher regeln.

§ 8 Verkaufsstellen auf Personenbahnhöfen

(1) Abweichend von den Vorschriften des § 3 dürfen Verkaufsstellen auf Personenbahnhöfen von Eisenbahnen und Magnetschwebebahnen, soweit sie den Bedürfnissen des Reiseverkehrs zu dienen bestimmt sind, an allen Tagen während des ganzen Tages geöffnet sein, am 24. Dezember jedoch nur bis 17.00 Uhr. Während der allgemeinen Ladenschlusszeiten ist der Verkauf von Reisebedarf zulässig.

(2) Das Bundesministerium für Verkehr wird ermächtigt, im Einvernehmen mit den Bundesministerien für Wirtschaft und für Arbeit und Sozialordnung durch Rechtsverordnung mit Zustimmung des Bundesrates Ladenschlusszeiten für die Verkaufsstellen auf Personenbahnhöfen vorzuschreiben, die sicherstellen, dass die Dauer der Offenhaltung nicht über das von den Bedürfnissen des Reiseverkehrs geforderte Maß hinausgeht; es kann ferner die Abgabe von Waren in den genannten Verkaufsstellen während der allgemeinen Ladenschlusszeiten (§ 3) auf bestimmte Waren beschränken.

(2 a) Die Landesregierungen werden ermächtigt, durch Rechtsverordnung zu bestimmen, dass in Städten mit über 200000 Einwohnern zur Versorgung der Berufspendler und der anderen Reisenden mit Waren des täglichen Ge- und Verbrauchs sowie mit Geschenkartikeln

1. Verkaufsstellen auf Personenbahnhöfen des Schienenfernverkehrs und

2. Verkaufsstellen innerhalb einer baulichen Anlage, die einen Personenbahnhof des Schienenfernverkehrs mit einem Verkehrsknotenpunkt des Nah- und Stadtverkehrs verbindet,

an Werktagen von 6 bis 22 Uhr geöffnet sein dürfen; sie haben dabei die Größe der Verkaufsfläche auf das für diesen Zweck erforderliche Maß zu begrenzen.

(3) Für Apotheken bleibt es bei den Vorschriften des § 4.

§ 9 Verkaufsstellen auf Flughäfen und in Fährhäfen

(1) Abweichend von den Vorschriften des § 3 dürfen Verkaufsstellen auf Flughäfen an allen Tagen während des ganzen Tages geöffnet sein, am 24. Dezember jedoch nur bis 17.00 Uhr. An Werktagen während der allgemeinen Ladenschlusszeiten (§ 3) und an Sonn- und Feiertagen ist nur die Abgabe von Reisebedarf an Reisende gestattet.

(2) Das Bundesministerium für Verkehr wird ermächtigt, im Einvernehmen mit den Bundesministerien für Wirtschaft und für Arbeit und Sozialordnung durch Rechtsverordnung mit Zustimmung des Bundesrates Ladenschlusszeiten für die in Absatz 1 genannten Verkaufsstellen vorzuschreiben und die Abgabe von Waren näher zu regeln.

(3) Die Landesregierungen werden ermächtigt, durch Rechtsverordnung abweichend von Absatz 1 Satz 2 zu bestimmen, dass auf internationalen Verkehrsflughäfen und in internationalen Fährhäfen

Waren des täglichen Ge- und Verbrauchs sowie Geschenkartikel an Werktagen während der allgemeinen Ladenschlusszeiten (§ 3) und an Sonn- und Feiertagen auch an andere Personen als an Reisende abgegeben werden dürfen; sie haben dabei die Größe der Verkaufsflächen auf das für diesen Zweck erforderliche Maß zu begrenzen.

§ 10 Kur- und Erholungsorte

(1) Die Landesregierungen können durch Rechtsverordnung bestimmen, dass und unter welchen Voraussetzungen und Bedingungen in Kurorten und in einzeln aufzuführenden Ausflugs-, Erholungs- und Wallfahrtsorten mit besonders starkem Fremdenverkehr, Badegegenstände, Devotionalien, frische Früchte, alkoholfreie Getränke, Milch und Milcherzeugnisse im Sinne des § 4 Abs. 2 des Milch- und Fettgesetzes in der Fassung vom 10. Dezember 1952 (Bundesgesetzbl. T S. 811), Süßwaren, Tabakwaren, Blumen und Zeitungen sowie Waren, die für diese Orte kennzeichnend sind, abweichend von den Vorschriften des § 3 Abs. 1 Nr.1 und 3

1. an jährlich höchstens vierzig Sonn- und Feiertagen bis zur Dauer von acht Stunden,

2. sonnabends bis spätestens zwanzig Uhr

verkauft werden dürfen. Sie können durch Rechtsverordnung die Festsetzung der zugelassenen Öffnungszeiten auf andere Stellen übertragen. Bei der Festsetzung der Öffnungszeiten ist auf die Zeit des Hauptgottesdienstes Rücksicht zu nehmen.

(2) In den nach Absatz 1 erlassenen Rechtsverordnungen kann die Offenhaltung auf bestimmte Ortsteile beschränkt werden. Wird die Offenhaltung am Sonnabendnachmittag zugelassen, so muss gleichzeitig angeordnet werden, dass die Verkaufsstellen, die am Sonnabendnachmittag offenhalten dürfen, an einem bestimmten anderen Nachmittag derselben Woche ab vierzehn Uhr geschlossen sein müssen.

(3) Die Landesregierungen können durch Rechtsverordnung bestimmen, dass in einzeln aufzuführenden Orten, die in der Nähe der Bundesgrenze liegen, die Verkaufsstellen an Sonnabenden abweichend von der Vorschrift des § 3 Abs. 1 Nr.3 bis 18.00 Uhr geöffnet sein dürfen. In diesem Falle muss gleichzeitig angeordnet werden, dass die Verkaufsstellen an einem bestimmten anderen Nachmittag derselben Woche ab 14.00 Uhr geschlossen sein müssen.

(4) *(gegenstandslos)*

§ 11 Verkauf in ländlichen Gebieten an Sonntagen

Die Landesregierungen oder die von ihnen bestimmten Stellen können durch Rechtsverordnung bestimmen, dass und unter welchen Voraussetzungen und Bedingungen in ländlichen Gebieten während der Zeit der Feldbestellung und der Ernte abweichend von den Vorschriften des § 3 alle oder bestimmte Arten von Verkaufsstellen

1. an Sonn- und Feiertagen bis zur Dauer von zwei Stunden,

2. an Samstagen eine Stunde länger, als nach § 3 Abs. 1 Nr. 3 zulässig ist,

geöffnet sein dürfen, falls dies zur Befriedigung dringender Kaufbedürfnisse der Landbevölkerung erforderlich ist.

§ 12 Verkauf bestimmter Waren an Sonntagen

(1) Das Bundesministerium für Arbeit und Sozialordnung bestimmt im Einvernehmen mit den Bundesministerien für Wirtschaft und für Ernährung, Landwirtschaft und Forsten durch Rechtsverordnung mit Zustimmung des Bundesrates, dass und wie lange an Sonn- und Feiertagen abweichend von der Vorschrift des § 3 Abs. 1 Nr.1 Verkaufsstellen für die Abgabe von Milch und Milcherzeugnissen im Sinne des § 4 Abs. 2 des Milch- und Fettgesetzes in der Fassung

vom 10. Dezember 1952, Bäcker- und Konditorwaren, frischen Früchten, Blumen und Zeitungen, geöffnet sein dürfen.

(2) In den nach Absatz 1 erlassenen Rechtsverordnungen kann die Offenhaltung auf bestimmte Sonn- und Feiertage oder Jahreszeiten sowie auf bestimmte Arten von Verkaufsstellen beschränkt werden. Eine Offenhaltung am 2. Weihnachts-, Oster- und Pfingstfeiertag soll nicht zugelassen werden. Die Lage der zugelassenen Öffnungszeiten wird unter Berücksichtigung der Zeit des Hauptgottesdienstes von den Landesregierungen oder den von ihnen bestimmten Stellen durch Rechtsverordnung festgesetzt.

(3) *(gegenstandslos)*

§ 13 *(aufgehoben)*

§ 14 Weitere Verkaufssonntage

(1) Abweichend von der Vorschrift des § 3 Abs. 1 Nr. 1 dürfen Verkaufsstellen aus Anlass von Märkten, Messen oder ähnlichen Veranstaltungen an jährlich höchstens vier Sonn- und Feiertagen geöffnet sein. Wird hiervon Gebrauch gemacht, so müssen die offenen Verkaufsstellen an den jeweils voraufgehenden Sonnabenden ab 14.00 Uhr geschlossen werden. Diese Tage werden von den Landesregierungen oder den von ihnen bestimmten Stellen durch Rechtsverordnung freigegeben.

(2) Bei der Freigabe kann die Offenhaltung auf bestimmte Bezirke und Handelszweige beschränkt werden. Der Zeitraum, während dessen die Verkaufsstellen geöffnet sein dürfen, ist anzugeben. Er darf fünf zusammenhängende Stunden nicht überschreiten, muss spätestens um 18.00 Uhr enden und soll außerhalb der Zeit des Hauptgottesdienstes liegen.

(3) Sonn- und Feiertage im Dezember dürfen nicht freigegeben werden. In Orten, für die eine Regelung nach § 10 Abs. 1 Satz 1

getroffen ist, dürfen Sonn- und Feiertage nach Absatz 1 nur freigegeben werden, soweit die Zahl dieser Tage zusammen mit den nach § 10 Abs. 1 Nr. 1 freigegebenen Sonn- und Feiertagen vierzig nicht übersteigt.

(4) Für Apotheken bleibt es bei den Vorschriften des § 4.

§ 15 Sonntagsverkauf am 24. Dezember

Abweichend von der Vorschrift des § 3 Abs. 1 Nr. 1 dürfen, wenn der 24. Dezember auf einen Sonntag fällt,

1. Verkaufsstellen, die gemäß § 12 oder den hierauf gestützten Vorschriften an Sonn- und Feiertagen geöffnet sein dürfen,

2. Verkaufsstellen, die überwiegend Lebens- und Genussmittel feilhalten,

3. alle Verkaufsstellen für die Abgabe von Weihnachtsbäumen

während höchstens drei Stunden bis längstens 14.00 Uhr geöffnet sein.

Die Öffnungszeiten werden von den Landesregierungen oder den von ihnen bestimmten Stellen durch Rechtsverordnung festgesetzt.

§ 16 Verkauf an Werktagen

(1) Abweichend von der Vorschrift des § 3 Abs. 1 Nr. 3 dürfen Verkaufsstellen aus Anlass von Märkten, Messen oder ähnlichen Veranstaltungen an jährlich höchstens sechs Werktagen bis spätestens 21.00 Uhr geöffnet sein. Diese Tage werden durch die Landesregierungen oder die von ihnen bestimmten Stellen durch Rechtsverordnung freigegeben.

(2) Bei der Freigabe kann die Offenhaltung auf bestimmte Bezirke und Handelszweige beschränkt werden.

(3) Für Apotheken bleibt es bei den Vorschriften des § 4.

Dritter Abschnitt
Besonderer Schutz der Arbeitnehmer

§ 17 Arbeitszeit an Sonn- und Feiertagen

(1) In Verkaufsstellen dürfen Arbeitnehmer an Sonn- und Feiertagen nur während der ausnahmsweise zugelassenen Öffnungszeiten (§§ 4 bis 15 und die hierauf gestützten Vorschriften) und, falls dies zur Erledigung von Vorbereitungs- und Abschlussarbeiten unerlässlich ist, während insgesamt weiterer dreißig Minuten beschäftigt werden.

(2) Die Dauer der Beschäftigungszeit des einzelnen Arbeitnehmers an Sonn- und Feiertagen darf acht Stunden nicht überschreiten.

(2 a) In Verkaufsstellen, die gemäß § 10 oder den hierauf gestützten Vorschriften an Sonn- und Feiertagen sowie an Sonnabenden geöffnet sein dürfen, dürfen Arbeitnehmer an jährlich höchstens 22 Sonn- und Feiertagen und sonnabends höchstens bis 18 Uhr beschäftigt werden. Ihre Arbeitszeit an Sonn- und Feiertagen darf vier Stunden nicht überschreiten.

(3) Arbeitnehmer, die an Sonn- und Feiertagen in Verkaufsstellen gemäß §§ 4 bis 6, 8 bis 12, 14 und 15 und den hierauf gestützten Vorschriften beschäftigt werden, sind, wenn die Beschäftigung länger als drei Stunden dauert, an einem Werktage derselben Woche ab 13.00 Uhr, wenn sie länger als sechs Stunden dauert, an einem ganzen Werktage derselben Woche von der Arbeit freizustellen; mindestens jeder dritte Sonntag muß beschäftigungsfrei bleiben. Werden sie bis zu drei Stunden beschäftigt, so muss jeder zweite Sonntag oder in jeder zweiten Woche ein Nachmittag ab 13.00 Uhr beschäftigungsfrei bleiben. Statt an einem Nachmittag darf die Freizeit am Sonnabend- oder Montagvormittag bis 14.00 Uhr gewährt werden. Während der Zeiten, zu denen die Verkaufsstelle geschlossen sein muss, darf die Freizeit nicht gegeben werden.

(4) Arbeitnehmer, die an einem Montagvormittag in Verkaufsstellen gemäß § 3 Abs. 3 beschäftigt werden, sind an einem Werktage derselben oder der vorhergehenden Woche ab 13.00 Uhr von der Arbeit freizustellen. Absatz 3 Satz 3 und 4 findet Anwendung.

(5) Mit dem Beschicken von Warenautomaten dürfen Arbeitnehmer außerhalb der Öffnungszeiten, die für die mit dem Warenautomaten in räumlichem Zusammenhang stehende Verkaufsstelle gelten, nicht beschäftigt werden.

(6) *(aufgehoben)*

(7) Das Bundesministerium für Arbeit und Sozialordnung wird ermächtigt, zum Schutze der Arbeitnehmer in Verkaufsstellen vor übermäßiger Inanspruchnahme ihrer Arbeitskraft oder sonstiger Gefährdung ihrer Gesundheit durch Rechtsverordnung mit Zustimmung des Bundesrates zu bestimmen,

1. dass während der ausnahmsweise zugelassenen Öffnungszeiten (§§ 4 bis 16 und die hierauf gestützten Vorschriften) bestimmte Arbeitnehmer nicht oder die Arbeitnehmer nicht mit bestimmten Arbeiten beschäftigt werden dürfen,

2. dass den Arbeitnehmern für Sonn- und Feiertagsarbeit über die Vorschriften des Absatzes 3 hinaus ein Ausgleich zu gewähren ist,

3. dass die Arbeitnehmer während der Ladenschlusszeiten an Werktagen (§ 3 Abs. 1 Nr 2 bis 4, §§ 5, 6, 8 bis 10 und 16 und die hierauf gestützten Vorschriften) nicht oder nicht mit bestimmten Arbeiten beschäftigt werden dürfen.

(8) Das Gewerbeaufsichtsamt kann in begründeten Einzelfällen Ausnahmen von den Vorschriften der Absätze 1 bis 5 bewilligen. Die Bewilligung kann jederzeit widerrufen werden.

(9) Die Vorschriften der Absätze 1 bis 8 finden auf pharmazeutisch vorgebildete Arbeitnehmer in Apotheken keine Anwendung.

Vierter Abschnitt
Bestimmungen für einzelne Gewerbezweige und für den Marktverkehr

§ 18 Friseurbetriebe

(1) Auf Betriebe des Friseurhandwerks und die in ihnen Beschäftigten finden die Vorschriften dieses Gesetzes mit der Maßgabe Anwendung, dass dem Feilhalten von Waren das Anbieten von Dienstleistungen gleichgestellt wird.

(2) Abweichend von § 3 Abs. 1 Nr.3 dürfen Betriebe des Friseurhandwerks sonnabends bis 18.00 Uhr geöffnet sein; sie müssen statt dessen am Montagvormittag bis 13.00 Uhr geschlossen sein.

(3) Nicht unter dieses Gesetz fällt die Ausübung des Friseurhandwerks

1. in der Wohnung und der Arbeitsstätte der Kunden,

2. auf Personenbahnhöfen und auf Flughäfen.

§ 18 a Blumenverkauf auf Friedhöfen

Abweichend von § 3 Abs. 1 Nr.3 dürfen Verkaufsstellen für Blumen und Pflanzen auf Friedhöfen sowie in einem Umkreis bis zu 300 m von Friedhöfen sonnabends bis 17.00 Uhr geöffnet sein.

§ 19 Marktverkehr

(1) Während der allgemeinen Ladenschlusszeiten (§ 3) dürfen auf behördlich genehmigten Groß- und Wochenmärkten Waren zum Verkauf an den letzten Verbraucher nicht feilgehalten werden; jedoch kann die nach Landesrecht zuständige Verwaltungsbehörde in den Grenzen einer gemäß §§ 10 bis 16 oder den hierauf gestützten Vorschriften zulässigen Offenhaltung der Verkaufsstellen einen geschäftlichen Verkehr auf Groß- und Wochenmärkten zulassen.

(2) Am 24. Dezember dürfen nach 14.00 Uhr Waren auch im sonstigen Marktverkehr nicht feilgehalten werden.

(3) Im Übrigen bleibt es bei den Vorschriften der §§ 64 bis 71 a der Gewerbeordnung, insbesondere bei den auf Grund des § 69 Abs. 1 Satz 1 der Gewerbeordnung festgesetzten Öffnungszeiten für Messen, Ausstellungen und Märkte.

§ 20 Sonstiges gewerbliches Feilhalten

(1) Während der allgemeinen Ladenschlusszeiten (§ 3) ist auch das gewerbliche Feilhalten von Waren zum Verkauf an jedermann außerhalb von Verkaufsstellen verboten; dies gilt nicht für Volksbelustigungen, die den Vorschriften des Titels III der Gewerbeordnung unterliegen und von der nach Landesrecht zuständigen Behörde genehmigt worden sind, sowie für das Feilhalten von Tageszeitungen an Werktagen. Dem Feilhalten steht das Zeigen von Mustern, Proben und ähnlichem gleich, wenn dazu Räume benutzt werden, die für diesen Zweck besonders bereitgestellt sind, und dabei Warenbestellungen entgegengenommen werden.

(2) Soweit für Verkaufsstellen gemäß §§ 10 bis 16 oder den hierauf gestützten Vorschriften Abweichungen von den Ladenschlusszeiten des § 3 zugelassen sind, gelten diese Abweichungen unter denselben Voraussetzungen und Bedingungen auch für das Feilhalten gemäß Absatz 1.

(2a) Die nach Landesrecht zuständige Verwaltungsbehörde kann abweichend von den Vorschriften der Absätze 1 und 2 Ausnahmen für das Feilhalten von leichtverderblichen Waren und Waren zum sofortigen Verzehr, Gebrauch oder Verbrauch zulassen, sofern dies zur Befriedigung örtlich auftretender Bedürfnisse notwendig ist und diese Ausnahmen im Hinblick auf den Arbeitsschutz unbedenklich sind.

(3) Die Vorschriften des § 17 Abs. 1 bis 4 gelten entsprechend.

(4) Das Bundesministerium für Arbeit und Sozialordnung kann durch Rechtsverordnung mit Zustimmung des Bundesrates zum Schutze der Arbeitnehmer vor übermäßiger Inanspruchnahme ihrer Arbeitskraft oder sonstiger Gefährdung ihrer Gesundheit Vorschriften, wie in § 17 Abs. 7 genannt, erlassen.

Fünfter Abschnitt
Durchführung des Gesetzes

§ 21 Auslage des Gesetzes, Verzeichnisse

(1) Der Inhaber einer Verkaufsstelle, in der regelmäßig mindestens ein Arbeitnehmer beschäftigt wird, ist verpflichtet,

1. einen Abdruck dieses Gesetzes und der auf Grund dieses Gesetzes erlassenen Rechtsverordnungen mit Ausnahme der Vorschriften, die Verkaufsstellen anderer Art betreffen, an geeigneter Stelle in der Verkaufsstelle auszulegen oder auszuhängen,

2. ein Verzeichnis über Namen, Tag, Beschäftigungsart und -dauer der an Sonn- und Feiertagen beschäftigten Arbeitnehmer und über die diesen gemäß § 17 Abs. 3 als Ersatz für die Beschäftigung an diesen Tagen gewährte Freizeit zu führen; dies gilt nicht für die pharmazeutisch vorgebildeten Arbeitnehmer in Apotheken. Die Landesregierungen können durch Rechtsverordnung eine einheitliche Form für das Verzeichnis vorschreiben.

(2) Die Verpflichtung nach Absatz 1 Nr.2 obliegt auch den in § 20 genannten Gewerbetreibenden.

§ 22 Aufsicht und Auskunft

(1) Die Aufsicht über die Ausführung der Vorschriften dieses Gesetzes und der auf Grund dieses Gesetzes erlassenen Vorschriften üben, soweit es sich nicht um Wochenmärkte (§19) handelt, die nach Landesrecht für den Arbeitsschutz zuständigen Verwaltungsbehörden aus; ob und inwieweit andere Dienststellen an der Aufsicht beteiligt werden, bestimmen die obersten Landesbehörden.

(2) Auf die Befugnisse und Obliegenheiten der in Absatz 1 genannten Behörden finden die Vorschriften des § 139b der Gewerbeordnung entsprechend Anwendung.

(3) Die Inhaber von Verkaufsstellen und die in § 20 genannten Gewerbetreibenden sind verpflichtet, den Behörden, denen auf Grund des Absatzes 1 die Aufsicht obliegt, auf Verlangen

1. die zur Erfüllung der Aufgaben dieser Behörden erforderlichen Angaben wahrheitsgemäß und vollständig zu machen,

2. das Verzeichnis gemäß § 21 Abs. 1 Nr. 2, die Unterlagen, aus denen Namen, Beschäftigungsart und -zeiten der Arbeitnehmer sowie Lohn- und Gehaltszahlungen ersichtlich sind, und alle sonstigen Unterlagen, die sich auf die nach Nummer 1 zu machenden Angaben beziehen, vorzulegen oder zur Einsicht einzusenden. Die Verzeichnisse und Unterlagen sind mindestens bis zum Ablauf eines Jahres nach der letzten Eintragung aufzubewahren.

(4) Die Auskunftspflicht nach Absatz 3 Nr.1 obliegt auch den in Verkaufsstellen oder beim Feilhalten gemäß § 20 beschäftigten Arbeitnehmern.

§ 23 Ausnahmen im öffentlichen Interesse

(1) Die obersten Landesbehörden können in Einzelfällen befristete Ausnahmen von den Vorschriften der §§ 3 bis 16 und 18 bis 21 dieses Gesetzes bewilligen, wenn die Ausnahmen im öffentlichen

Interesse dringend nötig werden Die Bewilligung kann jederzeit widerrufen werden. Die Landesregierungen werden ermächtigt, durch Rechtsverordnung die zuständigen Behörden abweichend von Satz 1 zu bestimmen. Sie können diese Ermächtigung auf oberste Landesbehörden übertragen.

(2) Das Bundesministerium für Arbeit und Sozialordnung kann im Einvernehmen mit dem Bundesministerium für Wirtschaft durch Rechtsverordnung mit Zustimmung des Bundesrates Vorschriften über die Voraussetzungen und Bedingungen für die Bewilligung von Ausnahmen im Sinne des Absatzes 1 erlassen.

Sechster Abschnitt
Straftaten und Ordnungswidrigkeiten

§ 24 Ordnungswidrigkeiten

(1) Ordnungswidrig handelt, wer vorsätzlich oder fahrlässig

1. als Inhaber einer Verkaufsstelle oder eines Betriebes des Friseurhandwerks oder als Gewerbetreibender im Sinne des § 20
   a) einer Vorschrift des § 17 Abs. 1 bis 3 über die Beschäftigung an Sonn- und Feiertagen, die Freizeit oder den Ausgleich,
   b) einer Vorschrift einer Rechtsverordnung nach § 17 Abs. 7 oder § 20 Abs. 4, soweit sie für einen bestimmten Tatbestand auf diese Bußgeldvorschrift verweist,
   c) einer Vorschrift des § 21 Abs. 1 Nr. 2 über Verzeichnisse oder des § 22 Abs. 3 Nr. 2 über die Einsicht, Vorlage oder Aufbewahrung der Verzeichnisse,

2. als Inhaber einer Verkaufsstelle oder eines Betriebes des Friseur-handwerks

   a) einer Vorschrift der §§ 3, 4 Abs. 1 Satz 2, des § 6 Abs. 2, des § 9 Abs. 1 Satz 2, des § 14 Abs. 1 Satz 2, des § 17 Abs. 5, des § 18 Abs. 2 oder einer nach § 4 Abs. 2 Satz 1, § 8 Abs. 2, § 9 Abs. 2 oder nach § 10 oder § 11 erlassenen Rechtsvorschrift über die Ladenschlusszeiten

   b) einer sonstigen Vorschrift einer Rechtsverordnung nach § 10 oder § 11, soweit sie für einen bestimmten Tatbestand auf diese Bußgeldvorschrift verweist,

   c) der Vorschrift des § 21 Abs. 1 Nr. 1 über Auslagen und Aushänge,

3. als Gewerbetreibender im Sinne des § 19 oder des § 20 einer Vorschrift des § 19 Abs. 1, 2 oder des § 20 Abs. 1, 2 über das Feilhalten von Waren im Marktverkehr oder außerhalb einer Verkaufsstelle oder

4. einer Vorschrift des § 22 Abs. 3 Nr. 1 oder Abs. 4 über die Auskunft zuwiderhandelt.

(2) Die Ordnungswidrigkeit nach Absatz 1 Nr. 1 Buchstabe a und b kann mit einer Geldbuße bis zu 2.500 EURO, die Ordnungswidrigkeit nach Absatz 1 Nr. 1 Buchstabe c und Nr. 2 bis 4 mit einer Geldbuße bis zu 500 EURO geahndet werden.

§ 25 Straftaten

Wer vorsätzlich als Inhaber einer Verkaufsstelle oder eines Betriebes des Friseurhandwerks oder als Gewerbetreibender im Sinne des § 20 eine der in § 24 Abs. 1 Nr. 1 Buchstaben a und b bezeichneten Handlungen begeht und dadurch vorsätzlich oder fahrlässig Arbeitnehmer in ihrer Arbeitskraft oder Gesundheit gefährdet, wird mit Freiheitsstrafe bis zu sechs Monaten oder mit Geldstrafe bis zu einhundertachtzig Tagessätzen bestraft.

§ 26 *(aufgehoben)*

Siebenter Abschnitt
Schlussbestimmungen

§ 27 Vorbehalt für die Landesgesetzgebung

Unberührt bleiben die landesrechtlichen Vorschriften, durch die der Gewerbebetrieb und die Beschäftigung von Arbeitnehmern in Verkaufsstellen an anderen Festtagen als an Sonn- und Feiertagen beschränkt werden.

§ 28 Bestimmung der zuständigen Behörden

Soweit in diesem Gesetz auf die nach Landesrecht zuständige Verwaltungsbehörde verwiesen wird, bestimmt die Landesregierung durch Verordnung, welche Behörden zuständig sind.

§ 29 Änderung des Jugendschutzgesetzes *(gegenstandslos)*

§ 30 *(aufgehoben)*

§ 31 Inkrafttreten; Aufhebung bisher geltenden Rechts

(1) Dieses Gesetz tritt einen Monat nach seiner Verkündung in Kraft, § 13 jedoch bereits am Tage nach der Verkündung.

(2) Mit dem Zeitpunkt des Inkrafttretens des Gesetzes treten nachstehende Vorschriften außer Kraft, soweit dies nicht bereits geschehen ist:

1-10. *(hier nicht abgedruckt)*

Außerdem treten alle Vorschriften, die den Vorschriften dieses Gesetzes widersprechen, außer Kraft.

(3) Verweisungen auf Vorschriften, die nach Absatz 2 außer Kraft getreten sind, gelten als Verweisungen auf die entsprechenden Vorschriften dieses Gesetzes und der auf Grund dieses Gesetzes erlassenen Rechtsverordnungen.

6 a. Verordnung über den Verkauf bestimmter Waren an Sonn- und Feiertagen

vom 21. Dezember 1957

(BGBl. I S. 1881, BGBl. III 8050-20-2),
zuletzt geändert durch Gesetz vom 30.7.1996
(BGBl. I S.1186)

Verordnung über den Verkauf bestimmter Waren an Sonn- und Feiertagen

Auf Grund des § 12 Abs. 1 des Gesetzes über den Ladenschluß vom 28. November 1956 (Bundesgesetzbl. 1 S. 875) in der Fassung des Gesetzes vom 17. Juli 1957 (Bundesgesetzbl. 1 S.722) wird im Einvernehmen mit den Bundesministern für Wirtschaft und für Ernährung, Landwirtschaft und Forsten mit Zustimmung des Bundesrates verordnet:

§ 1 (1) Abweichend von der Vorschrift des § 3 Abs. 1 Nr.1 des Gesetzes über den Ladenschluß dürfen an Sonn- und Feiertagen geöffnet sein für die Abgabe

1. von frischer Milch:
   Verkaufsstellen für die Dauer von zwei Stunden,
2. von Bäcker- oder Konditorwaren:
   Verkaufsstellen von Betrieben, die Bäcker- oder Konditorwaren herstellen, für die Dauer von drei Stunden,
3. von Blumen:
   Verkaufsstellen, in denen in erheblichem Umfange Blumen feilgehalten werden, für die Dauer von zwei Stunden, jedoch am 1. November (Allerheiligen), am Volkstrauertag, am Buß- und Bettag, am Totensonntag und am 1. Adventssonntag für die Dauer von sechs Stunden,
4. von Zeitungen:
   Verkaufsstellen für Zeitungen für die Dauer von fünf Stunden.

(2) Absatz 1 Nr.1 bis 3 gilt nicht für die Abgabe am 2. Weihnachts-, Oster- und Pfingstfeiertag.

(3) Die Vorschriften der §§ 5, 10, 11, 13 bis 15 des Gesetzes über dem Ladenschluß bleiben unberührt.

§ 2 *(aufgehoben)*

§ 3 Diese Verordnung tritt am 1. Januar 1958 in Kraft.

Arbeitsstättenverordnung

(ArbStättV)

vom 20. März 1975

(BGBl. I S. 729/III 7108-34), zuletzt geändert durch
Art. 2 der Verordnung vom 4. Dezember 1996
(BGBl. I S. 1841)

Auf Grund des § 120 e Abs. 1 und 3 sowie des § 139 h Abs. 1 und 3 der Gewerbeordnung in Verbindung mit Artikel 129 Abs. 1 Satz 1 des Grundgesetzes wird – hinsichtlich § 45 im Einvernehmen mit dem Bundesminister für Raumordnung, Bauwesen und Städtebau – mit Zustimmung des Bundesrates verordnet:

Erstes Kapitel
Allgemeine Vorschriften

§ 1 Geltungsbereich

(1) Diese Verordnung gilt für Arbeitsstätten in Betrieben, in denen das Arbeitsschutzgesetz Anwendung findet.

(2) Diese Verordnung gilt nicht für Arbeitsstätten

1. im Reisegewerbe und Marktverkehr,
2. in Straßen-, Schienen- und Luftfahrzeugen im öffentlichen Verkehr,
3. in Betrieben, die dem Bundesberggesetz unterliegen,
4. auf See- und Binnenschiffen.

§ 2 Begriffsbestimmung

(1) Arbeitsstätten sind

1. Arbeitsräume in Gebäuden einschließlich Ausbildungsstätten,
2. Arbeitsplätze auf dem Betriebsgelände im Freien, ausgenommen Felder, Wälder und sonstige Flächen, die zu einem land- oder forstwirtschaftlichen Betrieb gehören und außerhalb seiner bebauten Fläche liegen,
3. Baustellen,
4. Verkaufsstände im Freien, die im Zusammenhang mit Ladengeschäften stehen,
5. Wasserfahrzeuge und schwimmende Anlagen auf Binnengewässern.

(2) Zur Arbeitsstätte gehören

1. Verkehrswege,
2. Lager-, Maschinen- und Nebenräume,
3. Pausen-, Bereitschafts-, Liegeräume und Räume für körperliche Ausgleichsübungen,
4. Umkleide-, Wasch- und Toilettenräume (Sanitärräume),
5. Sanitätsräume.

(3) Zu den Arbeitsstätten gehören auch Einrichtungen, soweit für sie in den §§ 5 bis 55 dieser Verordnung besondere Anforderungen gestellt werden.

(4) Arbeitnehmer im Sinne dieser Verordnung sind Beschäftigte im Sinne des § 2 Abs. 2 des Arbeitsschutzgesetzes. Arbeitgeber im Sinne dieser Verordnung ist, wer Personen nach Satz 1 beschäftigt.

§ 3 Allgemeine Anforderungen

(1) Der Arbeitgeber hat

1. die Arbeitsstätte nach dieser Verordnung, den sonst geltenden Arbeitsschutz- und Unfallverhütungsvorschriften und nach den allgemein anerkannten sicherheitstechnischen, arbeitsmedizinischen und hygienischen Regeln sowie den sonstigen gesicherten arbeitswissenschaftlichen Erkenntnissen einzurichten und zu betreiben,

2. den in der Arbeitsstätte beschäftigten Arbeitnehmern die Räume und Einrichtungen zur Verfügung zu stellen, die in dieser Verordnung vorgeschrieben sind.

Soweit in anderen Rechtsvorschriften, insbesondere dem Bauordnungsrecht der Länder, Anforderungen gestellt werden, bleiben diese Vorschriften unberührt.

(2) Der Bundesminister für Arbeit und Sozialordnung stellt unter Hinzuziehung der fachlich beteiligten Kreise einschließlich der Spitzenorganisationen der Arbeitnehmer und Arbeitgeber Arbeits-

stätten-Richtlinien auf und gibt diese im Benehmen mit den für den Arbeitsschutz zuständigen obersten Landesbehörden im Bundesarbeitsblatt, Fachteil Arbeitsschutz, bekannt. Die Regeln und Erkenntnisse nach Absatz 1 sind insbesondere aus diesen Arbeitsstätten-Richtlinien zu entnehmen.

(3) Die Befugnis der zuständigen Behörde, nach § 120 d der Gewerbeordnung und § 22 Abs. 3 des Arbeitsschutzgesetzes im Einzelfall zur Abwendung besonderer Gefahren die zum Schutze der Arbeitnehmer erforderlichen Maßnahmen anzuordnen, bleibt unberührt.

§ 4 Ausnahmen

(1) Die zuständige Behörde kann auf schriftlichen Antrag des Arbeitgebers Ausnahmen von den Vorschriften dieser Verordnung zulassen, wenn

1. der Arbeitgeber eine andere, ebenso wirksame Maßnahme trifft oder

2. die Durchführung der Vorschrift im Einzelfall zu einer unverhältnismäßigen Härte führen würde und die Abweichung mit dem Schutz der Arbeitnehmer vereinbar ist.

(2) Der Arbeitgeber darf von den in § 3 genannten Regeln und Erkenntnissen abweichen, wenn er ebenso wirksame Maßnahmen trifft. Auf Verlangen der zuständigen Behörde hat der Arbeitgeber im Einzelfall nachzuweisen, daß die andere Maßnahme ebenso wirksam ist.

Zweites Kapitel
Räume, Verkehrswege und Einrichtungen in Gebäuden

Erster Abschnitt
Allgemeine Anforderungen

§ 5 Lüftung

In Arbeitsräumen muß unter Berücksichtigung der angewandten Arbeitsverfahren und der körperlichen Beanspruchung der Arbeitnehmer während der Arbeitszeit ausreichend gesundheitlich zuträgliche Atemluft vorhanden sein. Wird für die nach Satz 1 erforderliche Atemluft durch eine lüftungstechnische Anlage (Lüftungsanlagen, Klimaanlagen) gesorgt, muß diese jederzeit funktionsfähig sein. Eine Störung an lüftungstechnischen Anlagen muß der für den Betrieb der Anlage zuständigen Person durch eine selbsttätig wirkende Warneinrichtung angezeigt werden können.

§ 6 Raumtemperaturen

(1) In Arbeitsräumen muß während der Arbeitszeit eine unter Berücksichtigung der Arbeitsverfahren und der körperlichen Beanspruchung der Arbeitnehmer gesundheitlich zuträgliche Raumtemperatur vorhanden sein. Satz 1 gilt auch für Bereiche von Arbeitsplätzen in Lager-, Maschinen- und Nebenräumen.

(2) Es muß sichergestellt sein, daß die Arbeitnehmer durch Heizeinrichtungen keinen unzuträglichen Temperaturverhältnissen ausgesetzt sind.

(3) In Pausen-, Bereitschafts-, Liege-, Sanitär- und Sanitätsräumen muß mindestens eine Raumtemperatur von 21 °C erreichbar sein.

(4) Bereiche von Arbeitsplätzen, die unter starker Hitzeeinwirkung stehen, müssen im Rahmen des betrieblich Möglichen auf eine zuträgliche Temperatur gekühlt werden.

§ 7 Beleuchtung

(1) Arbeits-, Pausen-, Bereitschafts-, Liege- und Sanitätsräume müssen eine Sichtverbindung nach außen haben. Dies gilt nicht für

1. Arbeitsräume, bei denen betriebstechnische Gründe eine Sichtverbindung nicht zulassen,

2. Verkaufsräume sowie Schank- und Speiseräume in Gaststätten einschließlich der zugehörigen anderen Arbeitsräume, sofern die Räume vollständig unter Erdgleiche liegen,

3. Arbeitsräume mit einer Grundfläche von mindestens 2000 m^2, sofern Oberlichter vorhanden sind.

(2) Lichtschalter müssen leicht zugänglich und selbstleuchtend sein. Sie müssen auch in der Nähe der Zu- und Ausgänge sowie längs der Verkehrswege angebracht sein. Dies gilt nicht, wenn die Beleuchtung zentral geschaltet wird. Selbstleuchtende Lichtschalter sind bei vorhandener Orientierungsbeleuchtung nicht erforderlich.

(3) Beleuchtungseinrichtungen in Arbeitsräumen und Verkehrswegen sind so anzuordnen und auszulegen, daß sich aus der Art der Beleuchtung keine Unfall- oder Gesundheitsgefahren für die Arbeitnehmer ergeben können. Die Beleuchtung muß sich nach der Art der Sehaufgabe richten. Die Stärke der Allgemeinbeleuchtung muß mindestens 15 Lux betragen.

(4) Sind auf Grund der Tätigkeit der Arbeitnehmer, der vorhandenen Betriebseinrichtungen oder sonstiger besonderer betrieblicher Verhältnisse bei Ausfall der Allgemeinbeleuchtung Unfallgefahren zu befürchten, muß eine Sicherheitsbeleuchtung mit einer Beleuchtungsstärke von mindestens eins vom Hundert der Allgemeinbeleuchtung, mindestens jedoch von einem Lux, vorhanden sein.

§ 8 Fußböden, Wände, Decken, Dächer

(1) Fußböden in Räumen dürfen keine Stolperstellen haben; sie müssen eben und rutschhemmend ausgeführt und leicht zu reinigen sein. Für Arbeits-, Lager-, Maschinen- und Nebenräume gilt dies insoweit, als es betrieblich möglich und aus sicherheitstechnischen oder gesundheitlichen Gründen erforderlich ist. Standflächen an Arbeitsplätzen müssen unter Berücksichtigung der Art des Betriebes und der körperlichen Tätigkeit der Arbeitnehmer eine ausreichende Wärmedämmung aufweisen.

(2) Die zulässige Belastung der Fußbodenfläche in Lagerräumen, unter denen sich andere Räume befinden, muß an den Zugängen gut erkennbar angegeben sein. Dies gilt auch für die zulässige Belastung von Zwischenböden und Galerien in Lagerräumen.

(3) Die Oberfläche der Wände und Decken in Räumen muß so beschaffen sein, daß sie leicht zu reinigen oder zu erneuern ist. Für Arbeits-, Lager-, Maschinen- und Nebenräume gilt dies insoweit, als es betrieblich möglich und aus sicherheitstechnischen oder gesundheitlichen Gründen erforderlich ist.

(4) Lichtdurchlässige Wände, insbesondere Ganzglaswände, im Bereich von Arbeitsplätzen und Verkehrswegen müssen aus bruchsicherem Werkstoff bestehen oder so gegen die Arbeitsplätze und Verkehrswege abgeschirmt sein, daß Arbeitnehmer nicht mit den Wänden in Berührung kommen und beim Zersplittern der Wände verletzt werden können.

(5) Dächer aus nicht durchtrittsicherem Material dürfen nur betreten werden können, wenn Einrichtungen vorhanden sind, die ein Abstürzen verhindern.

§ 9 Fenster, Oberlichter

(1) Fensterflügel dürfen in geöffnetem Zustand die Arbeitnehmer am Arbeitsplatz in ihrer Bewegungsfreiheit nicht behindern und die erforderliche Mindestbreite der Verkehrswege nicht einengen.

(2) Fenster und Oberlichter müssen so beschaffen oder mit Einrichtungen versehen sein, daß die Räume gegen unmittelbare Sonneneinstrahlung abgeschirmt werden können.

§ 10 Türen, Tore

(1) Lage, Anzahl, Ausführungen und Abmessungen von Türen und Toren müssen sich nach der Art und Nutzung der Räume richten.

(2) Tore, die auch dem Fußgängerverkehr dienen, müssen so ausgeführt sein, daß sie oder Teile von ihnen vom Benutzer leicht geöffnet oder geschlossen werden können.

(3) In unmittelbarer Nähe von Toren, die vorwiegend für den Fahrzeugverkehr bestimmt sind, müssen Türen für den Fußgängerverkehr vorhanden sein.

(4) Pendeltüren und -tore müssen durchsichtig sein oder Sichtfenster haben.

(5) Bestehen lichtdurchlässige Flächen von Türen nicht aus bruchsicherem Werkstoff und ist zu befürchten, daß sich Arbeitnehmer durch Zersplittern der Türflächen verletzen können, so sind diese Flächen gegen Eindrücken zu schützen.

(6) Schiebetüren und -tore müssen gegen Ausheben und Herausfallen, Türen und Tore, die nach oben öffnen, gegen Herabfallen gesichert sein.

(7) Türen im Verlauf von Rettungswegen müssen gekennzeichnet sein. Die Türen müssen sich von innen ohne fremde Hilfsmittel jederzeit leicht öffnen lassen, solange sich Arbeitnehmer in der Arbeitsstätte befinden.

§ 11 Zusätzliche Anforderungen an kraftbetätigte Türen und Tore

(1) An kraftbetätigten Türen und Toren müssen Quetsch- und Scherstellen bis zu einer Höhe von 2,50 m so gesichert sein, daß die Bewegung der Türen oder Tore im Gefahrfall zum Stillstand kommt. Dies gilt nicht, wenn

1. durch besondere Einrichtungen sichergestellt ist, daß die Tür- und Torbewegung nur dann erfolgen kann, wenn sich keine Person im Gefahrbereich befindet oder

2. der Gefahrbereich vom Bedienungsstandort vollständig zu übersehen ist und eine Person mit der Bedienung der Türen und Tore besonders beauftragt ist.

(2) Bei einer Steuerung des Antriebs kraftbetätigter Türen und Tore von Hand muß die Bewegung der Türen und Tore beim Loslassen des Steuerorgans zum Stillstand kommen. Dies gilt nicht, wenn

1. durch besondere Einrichtungen sichergestellt ist, daß die Tür- oder Torbewegung nur dann erfolgen kann, wenn sich keine Person im Gefahrbereich befindet, oder

2. die betrieblichen Gegebenheiten eine andere Form der Steuerung erfordern und sich daraus keine Gefährdung der Arbeitnehmer ergibt.

(3) Wird der Antrieb kraftbetätigter Türen und Tore durch Steuerimpulse oder von einer Stelle aus gesteuert, von der aus der Gefahrbereich der Türen oder Tore nicht vollständig zu übersehen ist, müssen gut erkennbare und leicht zugängliche Notabschalteinrichtungen vorhanden sein.

(4) Nach Abschalten des Antriebs von kraftbetätigten Türen und Toren oder bei Ausfall der Energieversorgung für den Antrieb muß die Bewegung der Türen und Tore sofort zum Stillstand kommen. Eine unbeabsichtigte erneute Bewegung der Türen und Tore darf nicht möglich sein. Abweichend von Satz 1 müssen sich kraftbetä-

tigte Türen und Tore, die einen Brandabschluß bilden, bei Ausfall der Energieversorgung gefahrlos selbsttätig schließen.

(5) Kraftbetätigte Türen müssen auch von Hand zu öffnen sein.

§ 12 Schutz gegen Absturz und herabfallende Gegenstände

(1) Arbeitsplätze und Verkehrswege, bei denen Absturzgefahren bestehen, oder die an Gefahrbereiche grenzen, müssen mit Einrichtungen versehen sein, die verhindern, daß Arbeitnehmer abstürzen oder in die Gefahrbereiche gelangen. § 21 (Laderampen) bleibt unberührt.

(2) Absatz 1 gilt entsprechend bei Boden- und Wandöffnungen, durch die Arbeitnehmer abstürzen könnten. Es muß ferner durch Einrichtungen verhindert werden, daß Gegenstände durch Boden- und Wandöffnungen fallen und andere Arbeitnehmer gefährden.

(3) Wenn Arbeitnehmer auf Arbeitsplätzen und Verkehrswegen dadurch gefährdet werden können, daß Gegenstände von höher gelegenen Arbeitsplätzen, Verkehrswegen oder Betriebseinrichtungen herabfallen, müssen Schutzvorkehrungen getroffen werden.

§ 13 Schutz gegen Entstehungsbrände

(1) Für die Räume müssen je nach Brandgefährlichkeit der in den Räumen vorhandenen Betriebseinrichtungen und Arbeitsstoffe die zum Löschen möglicher Entstehungsbrände erforderlichen Feuerlöscheinrichtungen vorhanden sein.

(2) Die Feuerlöscheinrichtungen müssen, sofern sie nicht selbsttätig wirken, gekennzeichnet, leicht zugänglich und leicht zu handhaben sein.

(3) Selbsttätige ortsfeste Feuerlöscheinrichtungen, bei deren Einsatz Gefahren für die Arbeitnehmer auftreten können, müssen mit selbsttätig wirkenden Warneinrichtungen ausgerüstet sein.

§ 14 Schutz gegen Gase, Dämpfe, Nebel, Stäube

Soweit in Arbeitsräumen das Auftreten von Gasen, Dämpfen, Nebeln oder Stäuben in unzuträglicher Menge oder Konzentration nicht verhindert werden kann, sind diese an ihrer Entstehungsstelle abzusaugen und zu beseitigen. Sind Störungen an Absaugeeinrichtungen nicht ohne weiteres erkennbar, so müssen die betroffenen Arbeitnehmer durch eine selbsttätig wirkende Warneinrichtung auf die Störung hingewiesen werden. Es müssen ferner Vorkehrungen getroffen sein, durch die die Arbeitnehmer im Falle einer Störung an Absaugeeinrichtungen gegen Gesundheitsgefahren geschützt sind.

§ 15 Schutz gegen Lärm

(1) In Arbeitsräumen ist der Schallpegel so niedrig zu halten, wie es nach der Art des Betriebes möglich ist. Der Beurteilungspegel am Arbeitsplatz in Arbeitsräumen darf auch unter Berücksichtigung der von außen einwirkenden Geräusche höchstens betragen:

1. bei überwiegend geistigen Tätigkeiten 55 dB (A),

2. bei einfachen oder überwiegend mechanisierten Bürotätigkeiten und vergleichbaren Tätigkeiten 70 dB (A),

3. bei allen sonstigen Tätigkeiten 85 dB (A); soweit dieser Beurteilungspegel nach der betrieblich möglichen Lärmminderung zumutbarerweise nicht einzuhalten ist, darf er bis zu 5 dB (A) überschritten werden.

(2) In Pausen-, Bereitschafts-, Liege- und Sanitätsräumen darf der Beurteilungspegel höchstens 55 dB (A) betragen. Bei der Festlegung des Beurteilungspegels sind nur die Geräusche der Betriebseinrichtungen in den Räumen und die von außen auf die Räume einwirkenden Geräusche zu berücksichtigen.

§ 16 Schutz gegen sonstige unzuträgliche Einwirkungen

(1) In Arbeits-, Pausen-, Bereitschafts-, Liege- und Sanitätsräumen ist das Ausmaß mechanischer Schwingungen so niedrig zu halten, wie es nach der Art des Betriebes möglich ist.

(2) Für den Menschen spürbare elektrostatische Aufladungen in Räumen sind im Rahmen des betrieblich Möglichen zu vermeiden.

(3) Betriebseinrichtungen sind so zu gestalten, aufzustellen und zu betreiben, daß in den Räumen unzuträgliche Gerüche im Rahmen des betrieblich Möglichen vermieden werden. Aus Sanitärräumen darf keine Abluft in andere Räume geführt werden.

(4) Räume, in denen sich Arbeitnehmer aufhalten, müssen so beschaffen oder eingerichtet sein, daß die Arbeitnehmer keiner vermeidbaren Zugluft ausgesetzt sind.

(5) Es sind Vorkehrungen zu treffen, daß betriebstechnisch unvermeidbare Wärmestrahlung nicht in unzuträglichem Ausmaß auf die Arbeitnehmer einwirkt.

§ 17 Verkehrswege

(1) Verkehrswege müssen so beschaffen und bemessen sein, daß sie je nach ihrem Bestimmungszweck sicher begangen oder befahren werden können und neben den Wegen beschäftigte Arbeitnehmer durch den Verkehr nicht gefährdet werden.

(2) Verkehrswege für kraftbetriebene oder schienengebundene Beförderungsmittel müssen so breit sein, daß zwischen der äußeren Begrenzung der Beförderungsmittel und der Grenze des Verkehrsweges ein Sicherheitsabstand von mindestens 0,50 m auf beiden Seiten des Verkehrsweges vorhanden ist.

(3) Verkehrswege für Fahrzeuge müssen in einem Abstand von mindestens 1,00 m an Türen und Toren, Durchgängen, Durchfahrten und Treppenaustritten vorbeiführen.

(4) Die Begrenzungen der Verkehrswege in Arbeits- und Lagerräumen mit mehr als 1000 m^2 Grundfläche müssen gekennzeichnet sein. Soweit Nutzung, Einrichtung und Belegungsdichte es zum Schutze der Arbeitnehmer erfordern, müssen die Begrenzungen der Verkehrswege bei Arbeits- und Lagerräumen mit weniger als 1000 m^2 Grundfläche gekennzeichnet sein. Die Kennzeichnung ist nicht notwendig, wenn die Verkehrswege durch ihre Art, durch die Betriebseinrichtungen oder durch das Lagergut deutlich erkennbar sind oder die betrieblichen Verhältnisse eine Kennzeichnung der Verkehrswege nicht zulassen.

§ 18 Zusätzliche Anforderungen an Fahrtreppen und Fahrsteige

(1) Fahrtreppen und umlaufende stufenlose Bänder für den Personenverkehr (Fahrsteige) müssen so beschaffen sein, daß sie sicher benutzt werden können. An den Zu- und Abgängen muß ausreichend bemessener Raum als Stauraum vorhanden sein.

(2) An Fahrtreppen und Fahrsteigen müssen Quetsch- und Scherstellen gesichert sein.

(3) Fahrtreppen und Fahrsteige müssen im Gefahrfall vom Benutzer oder von dritten Personen durch gut erkennbare und leicht zugängliche Notabschalteinrichtungen stillgesetzt werden können. Fahrtreppen und Fahrsteige müssen bei einem technischen Mangel, der zu einer Gefährdung der Benutzer führen kann, selbsttätig zum Stillstand kommen. Bei Fahrtreppen und Fahrsteigen, die erst beim Betreten in Betrieb gesetzt werden, muß die Laufrichtung gut erkennbar angegeben sein. Nach dem Abschalten des Antriebs von Fahrtreppen und Fahrsteigen darf eine unbeabsichtigte erneute Bewegung nicht möglich sein.

§ 19 Zusätzliche Anforderungen an Rettungswege

Anordnung, Abmessung und Ausführung der Rettungswege müssen sich nach der Nutzung, Einrichtung und Grundfläche der Räume sowie nach der Zahl der in den Räumen üblicherweise anwesenden Personen richten. Rettungswege müssen als solche gekennzeichnet sein und auf möglichst kurzem Weg ins Freie oder in einen gesicherten Bereich führen. Bei Gefahr muß sichergestellt sein, daß die Arbeitnehmer die Räume schnell verlassen und von außen schnell gerettet werden können.

§ 20 Steigleitern, Steigeisengänge

Fest angebrachte Leitern (Steigleitern) und Steigeisengänge sind nur zulässig, wenn der Einbau einer Treppe betrieblich nicht möglich oder wegen der geringen Unfallgefahr nicht notwendig ist. Steigleitern oder Steigeisengänge müssen an ihren Austrittstellen eine Haltevorrichtung haben. Wenn die Steigleitern oder Steigeisengänge länger als 5,00 m sind und es betrieblich möglich ist, müssen sie mit Einrichtungen zum Schutz gegen Absturz ausgerüstet sein. Bei Steigleitern oder Steigeisengängen mit mehr als 800 Neigung zur Erdoberfläche müssen in Abständen von höchstens 10 m Ruhebühnen vorhanden sein.

§ 21 Laderampen

(1) Laderampen müssen mindestens 0,80 m breit sein.

(2) Laderampen müssen mindestens einen Abgang haben. Laderampen mit mehr als 20 m Länge müssen, soweit dies betriebstechnisch möglich ist, in jedem Endbereich einen Abgang haben. Abgänge müssen als Treppen oder als geneigte sicher begeh- oder befahrbare Flächen ausgeführt sein. Treppenöffnungen innerhalb von Rampen müssen so gesichert sein, daß Arbeitnehmer nicht abstürzen und Fahrzeuge nicht in die Treppenöffnungen abkippen können.

(3) Laderampen von mehr als 1,00 m Höhe sollen im Rahmen des betriebstechnisch Möglichen mit Einrichtungen zum Schutz gegen Absturz ausgerüstet sein. Das gilt insbesondere für die Bereiche von Laderampen, die keine zuständigen Be- und Entladestellen sind.

(4) Laderampen, die neben Gleisanlagen liegen und mehr als 0,80 m über Schienenoberkante hoch sind, müssen so ausgeführt sein, daß Arbeitnehmer im Gefahrfall unter der Rampe Schutz finden können.

§ 22 Nicht allseits umschlossene Räume

Auf nicht allseits umschlossene Räume sind die §§ 5 bis 21 sinngemäß anzuwenden.

Zweiter Abschnitt
Anforderungen an bestimmte Räume

Erster Titel
Arbeitsräume

§ 23 Raumabmessungen, Luftraum

(1) Arbeitsräume müssen eine Grundfläche von mindestens 8,00 m^2 haben.

(2) Räume dürfen als Arbeitsräume nur genutzt werden, wenn die lichte Höhe

bei einer Grundfläche von nicht mehr als 50 m^2 mindestens 2,50 m,
bei einer Grundfläche von mehr als 50 m^2 mindestens 2,75 m,
bei einer Grundfläche von mehr als 100 m^2 mindestens 3,00 m,
bei einer Grundfläche von mehr als 2000 m^2 mindestens 3,25 m

beträgt.

Bei Räumen mit Schrägdecken darf die lichte Höhe im Bereich von
Arbeitsplätzen und Verkehrswegen an keiner Stelle 2,50 m unter-
schreiten.

(3) Die in Absatz 2 genannten Maße können bei Verkaufsräumen,
Büroräumen und anderen Arbeitsräumen, in denen überwiegend
leichte oder sitzende Tätigkeit ausgeübt wird, oder aus zwingenden
baulichen Gründen um 0,25 m herabgesetzt werden, wenn hierge-
gen keine gesundheitlichen Bedenken bestehen. Die lichte Höhe
darf nicht weniger als 2,50 m betragen.

(4) In Arbeitsräumen müssen für jeden ständig anwesenden Arbeitnehmer als Mindestluftraum

12 m^3 bei überwiegend sitzender Tätigkeit,
15 m^3 bei überwiegend nichtsitzender Tätigkeit,
18 m^3 bei schwerer körperlicher Arbeit

vorhanden sein. Der Mindestluftraum darf durch Betriebseinrichtungen nicht verringert werden. Wenn sich in Arbeitsräumen mit
natürlicher Lüftung neben den ständig anwesenden Arbeitnehmern
auch andere Personen nicht nur vorübergehend aufhalten, ist für
jede zusätzliche Person ein Mindestluftraum von 10 m^3 vorzusehen. Satz 3 gilt nicht für Verkaufsräume sowie Schank- und Speiseräume in Gaststätten.

§ 24 Bewegungsfläche am Arbeitsplatz

(1) Die freie unverstellte Fläche am Arbeitsplatz muß so bemessen
sein, daß sich die Arbeitnehmer bei ihrer Tätigkeit unbehindert
bewegen können. Für jeden Arbeitnehmer muß an seinem Arbeits-

platz mindestens eine freie Bewegungsfläche von 1,50 m^2 zur Verfügung stehen. Die freie Bewegungsfläche soll an keiner Stelle weniger als 1,00 m breit sein.

(2) Kann aus betrieblichen Gründen an bestimmten Arbeitsplätzen eine freie Bewegungsfläche von 1,50 m^2 nicht eingehalten werden, muß dem Arbeitnehmer in der Nähe des Arbeitsplatzes mindestens eine gleich große Bewegungsfläche zur Verfügung stehen.

§ 25 Ausstattung

(1) Kann die Arbeit ganz oder teilweise sitzend verrichtet werden, sind den Arbeitnehmern am Arbeitsplatz Sitzgelegenheiten zur Verfügung zu stellen. Die Sitzgelegenheiten müssen dem Arbeitsablauf und der Handhabung der Betriebseinrichtungen entsprechen und unfallsicher sein. Können aus betrieblichen Gründen keine Sitzgelegenheiten unmittelbar am Arbeitsplatz aufgestellt werden, obwohl es der Arbeitsablauf zuläßt, sich zeitweise zu setzen, sind in der Nähe der Arbeitsplätze Sitzgelegenheiten bereitzustellen.

(2) In Arbeitsräumen müssen Abfallbehälter zur Verfügung stehen. Die Behälter müssen verschließbar sein, wenn die Abfälle leicht entzündlich, unangenehm riechend oder unhygienisch sind. Bei leicht entzündlichen Abfällen müssen die Behälter aus nicht brennbarem Material bestehen.

§ 26 Steuerstände und Steuerkabinen von maschinellen Anlagen; Pförtnerlogen und ähnliche Einrichtungen

Auf Steuerstände und Steuerkabinen von maschinellen Anlagen sowie Pförtnerlogen, Kassenboxen und ähnliche Einrichtungen sind § 7 Abs. 1 (Sichtverbindung nach außen) und § 23 (Raumabmessungen und Luftraum) nicht anzuwenden, wenn es die Art der Einrichtung nicht zuläßt.

§ 27 Arbeitsplätze mit erhöhter Unfallgefahr

An Einzelarbeitsplätzen mit erhöhter Unfallgefahr, die außerhalb der Ruf- oder Sichtweite zu anderen Arbeitsplätzen liegen und nicht überwacht werden, müssen Einrichtungen vorhanden sein, mit denen im Gefahrfall Hilfspersonen herbeigerufen werden können.

§ 28 Nicht allseits umschlossene Arbeitsräume

(1) Nicht allseits verschlossene Arbeitsräume sind nur zulässig, soweit es betriebstechnisch erforderlich ist. Dies gilt auch, sofern Türen oder Tore von Arbeitsräumen, die unmittelbar ins Freie führen, ständig offengehalten werden.

(2) Arbeitsplätze in nicht allseits umschlossenen Arbeitsräumen oder Arbeitsräumen, die ständig offengehalten werden, müssen so eingerichtet sein, daß die Arbeitnehmer gegen Witterungseinflüsse geschützt sind.

Zweiter Titel
Pausen-, Bereitschafts-, Liegeräume; Räume für körperliche Ausgleichsübungen

§ 29 Pausenräume

(1) Den Arbeitnehmern ist ein leicht erreichbarer Pausenraum zur Verfügung zu stellen, wenn mehr als zehn Arbeitnehmer beschäftigt sind oder gesundheitliche Gründe oder die Art der ausgeübten Tätigkeit es erfordern. Dies gilt nicht, wenn die Arbeitnehmer in Büroräumen oder vergleichbaren Arbeitsräumen beschäftigt sind und dort die Voraussetzungen für eine gleichwertige Erholung während der Pausen gegeben sind.

(2) Die lichte Höhe von Pausenräumen muß den Anforderungen des § 23 Abs. 2 (Raumabmessungen) entsprechen.

(3) In Pausenräumen muß für jeden Arbeitnehmer, der den Raum benutzen soll, eine Grundfläche von mindestens 1,00 m^2 vorhanden sein. Die Grundfläche eines Pausenraumes muß mindestens 6,00 m^2 betragen.

(4) Pausenräume müssen entsprechend der Zahl der Arbeitnehmer, die sich gleichzeitig in den Räumen aufhalten sollen, mit Tischen, die leicht zu reinigen sind, Sitzgelegenheiten mit Rückenlehne sowie mit Kleiderhaken, Abfallbehältern und bei Bedarf auch mit Vorrichtungen zum Anwärmen und zum Kühlen von Speisen und Getränken ausgestattet sein. Trinkwasser oder ein anderes alkoholfreies Getränk muß den Arbeitnehmern zur Verfügung gestellt werden.

§ 30 Bereitschaftsräume

Fällt in die Arbeitszeit regelmäßig und in erheblichem Umfang Arbeitsbereitschaft und stehen keine Pausenräume bereit, so sind Bereitschaftsräume zur Verfügung zu stellen, in denen sich die Arbeitnehmer während der Dauer der Arbeitsbereitschaft aufhalten können. Bereitschaftsräume müssen den Anforderungen des § 29 Abs. 2 und 3 (Raumhöhe, Grundfläche) entsprechen. Sitzgelegenheiten mit Rückenlehnen müssen vorhanden sein.

§ 31 Liegeräume

Werdenden oder stillenden Müttern ist es während der Pausen und, wenn es aus gesundheitlichen Gründen erforderlich ist, auch während der Arbeitszeit zu ermöglichen, sich in einem geeigneten Raum auf einer Liege auszuruhen. Satz 1 gilt entsprechend für andere Arbeitnehmerinnen, wenn sie mit Arbeiten beschäftigt sind, bei denen es der Arbeitsablauf nicht zuläßt, sich zeitweise zu setzen.

§ 32 Nichtraucherschutz

In Pausen-, Bereitschafts- und Liegeräumen hat der Arbeitgeber dafür Sorge zu tragen, daß geeignete Maßnahmen zum Schutz der Nichtraucher vor Belästigungen durch Tabakrauch getroffen werden.

§ 33 Räume für körperliche Ausgleichsübungen

Werden Arbeitnehmer auf Grund ihrer Tätigkeit bei der Arbeit einseitig beansprucht, sollen Räume für körperliche Ausgleichsübungen zur Verfügung stehen, wenn die Übungen nicht in den Arbeitsräumen oder an geeigneter Stelle im Freien durchgeführt werden können.

Dritter Titel
Sanitärräume

§ 34 Umkleideräume, Kleiderablagen

(1) Den Arbeitnehmern sind Umkleideräume zur Verfügung zu stellen, wenn die Arbeitnehmer bei ihrer Tätigkeit besondere Arbeitskleidung tragen müssen und es den Arbeitnehmern aus gesundheitlichen oder sittlichen Gründen nicht zuzumuten ist, sich in einem anderen Raum umzukleiden. Die Umkleidekabinen sollen für Frauen und Männer getrennt sein.

(2) Bei Betrieben, in denen die Arbeitnehmer bei ihrer Tätigkeit starker Hitze ausgesetzt sind, müssen sich die Umkleideräume in der Nähe der Arbeitsplätze befinden.

(3) Umkleideräume müssen eine lichte Höhe von mindestens 2,30 m bei einer Grundfläche bis einschließlich 30 m^2 und mindestens 2,50 m bei einer Grundfläche von mehr als 30 m^2 haben.

(4) In Umkleideräumen muß für die Arbeitnehmer, die den Raum gleichzeitig benutzen sollen, je nach Art der Kleiderablage so viel freie Bodenfläche vorhanden sein, daß sich die Arbeitnehmer unbehindert umkleiden können. Bei jeder Kleiderablage muß eine freie Bodenfläche, einschließlich der Verkehrsfläche, von mindestens 0,50 m^2 zur Verfügung stehen. Die Grundfläche eines Umkleideraumes muß mindestens 6,00 m^2 betragen.

(5) Nach Absatz 1 erforderliche Umkleideräume müssen mit Einrichtungen ausgestattet sein, in denen jeder Arbeitnehmer seine Kleidung unzugänglich für andere während der Arbeitszeit aufbewahren kann. Den Arbeitnehmern muß es außerdem möglich sein, die Arbeitskleidung außerhalb der Arbeitszeit zu lüften oder zu trocknen und unzugänglich für andere aufzubewahren. Wenn die Arbeitskleidung bei der Arbeit stark verschmutzt, hat der Arbeitgeber dafür zu sorgen, daß die Arbeitskleidung gereinigt werden kann. Zum Umkleiden müssen Sitzgelegenheiten vorhanden sein.

(6) Wenn Umkleideräume nach Absatz 1 nicht erforderlich sind, müssen für jeden Arbeitnehmer eine Kleiderablage und ein abschließbares Fach zur Aufbewahrung persönlicher Wertgegenstände vorhanden sein.

§ 35 Waschräume, Waschgelegenheiten

(1) Den Arbeitnehmern sind Waschräume zur Verfügung zu stellen, wenn es die Art der Tätigkeit oder gesundheitliche Gründe erfordern. Die Waschräume sollen für Frauen und Männer getrennt sein.

(2) Waschräume müssen eine lichte Höhe von mindestens 2,30 m bei einer Grundfläche bis einschließlich 30 m^2 und mindestens 2,50 m bei einer Grundfläche von mehr als 30 m^2 haben.

(3) In Waschräumen muß vor jeder Waschgelegenheit so viel freie Bodenfläche zur Verfügung stehen, daß sich die Arbeitnehmer unbehindert waschen können. Die freie Bodenfläche vor einer Waschgelegenheit muß mindestens 0,70 m x 0,70 m betragen.

Waschräume müssen eine Grundfläche von mindestens 4,00 m^2 haben.

(4) Waschräume müssen mit Einrichtungen ausgestattet sein, die es jedem Arbeitnehmer ermöglichen, sich den hygienischen Erfordernissen entsprechend zu reinigen. Es muß fließendes kaltes und warmes Wasser vorhanden sein. Die hygienisch erforderlichen Mittel zum Reinigen und Desinfizieren sowie zum Abtrocknen der Hände müssen zur Verfügung stehen.

(5) Wenn Waschräume nach Absatz 1 nicht erforderlich sind, müssen Waschgelegenheiten mit fließendem Wasser in der Nähe der Arbeitsplätze vorhanden sein. Die hygienisch erforderlichen Mittel zum Reinigen und Abtrocknen der Hände müssen zur Verfügung gestellt werden.

§ 36 Verbindung von Wasch- und Umkleideräumen

Wasch- und Umkleideräume müssen einen unmittelbaren Zugang zueinander haben, aber räumlich voneinander getrennt sein.

§ 37 Toilettenräume

(1) Den Arbeitnehmern sind in der Nähe der Arbeitsplätze besondere Räume mit einer ausreichenden Zahl von Toiletten und Handwaschbecken (Toilettenräume) zur Verfügung zu stellen. Wenn mehr als fünf Arbeitnehmer verschiedenen Geschlechts beschäftigt werden, sollen für Frauen und Männer vollständig getrennte Toilettenräume vorhanden sein. Werden mehr als fünf Arbeitnehmer beschäftigt, müssen die Toilettenräume ausschließlich den Betriebsangehörigen zur Verfügung stehen.

(2) In unmittelbarer Nähe von Pausen-, Bereitschafts-, Umkleide- und Waschräumen müssen Toilettenräume vorhanden sein.

Vierter Titel
Sanitätsräume, Mittel und Einrichtungen
zur Ersten Hilfe

§ 38 Sanitätsräume

(1) Es muß mindestens ein Sanitätsraum oder eine vergleichbare Einrichtung vorhanden sein, wenn

1. mehr als 1000 Arbeitnehmer beschäftigt sind oder

2. mit besonderen Unfallgefahren zu rechnen ist und mehr als 100 Arbeitnehmer beschäftigt sind.

(2) Sanitätsräume und vergleichbare Einrichtungen sowie ihre Zugänge müssen als solche gekennzeichnet sein. Die Räume oder Einrichtungen müssen mit einer Krankentrage leicht zu erreichen sein. Sie müssen mit den für die Erste Hilfe und die ärztliche Erstversorgung erforderlichen Einrichtungen und Mitteln ausgestattet sein; die Räume und Einrichtungen müssen dementsprechend bemessen sein.

§ 39 Mittel und Einrichtungen zur Ersten Hilfe

(1) In den Arbeitsstätten müssen die zur Ersten Hilfe erforderlichen Mittel vorhanden sein. Sie müssen im Bedarfsfall leicht zugänglich und gegen Verunreinigung, Nässe und hohe Temperaturen geschützt sein. Wenn es die Art des Betriebes erfordert, müssen Krankentragen vorhanden sein.

(2) Bei Arbeitsstätten mit großer räumlicher Ausdehnung müssen sich Mittel zur Ersten Hilfe und, sofern es die Art des Betriebes erfordert, Krankentragen an mehreren gut erreichbaren Stellen befinden.

(3) Die Aufbewahrungsstellen von Mitteln zur Ersten Hilfe und Krankentragen müssen als solche gekennzeichnet sein.

Fünfter Titel
Räume und Behelfsbauten

§ 40 Baracken, Tragluftbauten und ähnliche Einrichtungen

(1) Auf Räume in Bauten, die nach der Art ihrer Ausführung für eine dauernde Nutzung nicht geeignet sind und die für eine begrenzte Zeit aufgestellt werden (Behelfsbauten), wie Baracken, Tragluftbauten und ähnliche Einrichtungen, gelten die Anforderungen der §§ 5 bis 39 sinngemäß. Bei Behelfsbauten, ausgenommen Tragluftbauten, ist eine lichte Höhe von 2,30 m ausreichend.

(2) Bei Tragluftbauten müssen unabhängig von Absatz 1 besondere Arbeitsschutzmaßnahmen getroffen werden; dabei sind Lage, Größe und Art der Nutzung des Tragluftbaues zu berücksichtigen. Tragluftbauten dürfen nicht als Pausenräume verwendet werden.

Drittes Kapitel
Arbeitsplätze auf dem Betriebsgelände im Freien

§ 41 Allgemeine Anforderungen an Arbeitsplätze, Verkehrswege und Einrichtungen im Freien

(1) Arbeitsplätze auf dem Betriebsgelände im Freien sind so herzurichten, daß sich die Arbeitnehmer bei jeder Witterung sicher bewegen können. Je nach Brandgefährlichkeit der auf den Arbeitsplätzen befindlichen Betriebseinrichtungen und Arbeitsstoffe müssen die zum Löschen möglicher Entstehungsbrände erforderlichen Feuerlöscheinrichtungen vorhanden sein. Die Arbeitnehmer müssen sich bei Gefahr schnell in Sicherheit bringen und schnell gerettet werden können.

(2) Auf Arbeitsplätze, Verkehrswege und Einrichtungen im Freien sind ferner § 11 (zusätzliche Anforderungen an kraftbetätigte Türen und Tore), § 12 (Schutz gegen Absturz und herabfallende Gegenstände), § 17 Abs. 1 bis 3 (Verkehrswege), § 18 (zusätzliche Anforderungen an Fahrtreppen und Fahrsteige), § 20 (Steigleitern. Steigeisengänge) und § 21 (Laderampen) anzuwenden.

(3) Arbeitsplätze und Verkehrswege im Freien müssen zu beleuchten sein, wenn das Tageslicht nicht ausreicht. Die Beleuchtung muß sich nach der Art der Sehaufgabe richten.

§ 42 Ortsgebundene Arbeitsplätze im Freien

(1) Ortsgebundene Arbeitsplätze im Freien, auf denen nicht nur vorübergehend Arbeitnehmer beschäftigt werden, sind nur zulässig, wenn es betriebstechnisch erforderlich ist.

(2) Ortsgebundene Arbeitsplätze im Freien, auf denen nicht nur vorübergehend Arbeitnehmer beschäftigt werden, sind im Rahmen des betrieblich Möglichen so einzurichten und auszustatten, daß die Arbeitnehmer

1 gegen Witterungseinflüsse geschützt sind,

2. keinen unzuträglichen Lärm und keinen unzuträglichen mechanischen Schwingungen, Gasen, Dämpfen oder Stäuben ausgesetzt sind,

3. nicht ausgleiten und abstürzen können und

4. Sitzgelegenheiten in der Nähe der Arbeitsplätze zur Verfügung haben, um, wenn es der Arbeitsablauf zuläßt, sich zu setzen.

(3) Werden Arbeitnehmer nicht nur vorübergehend an ortsgebundenen Arbeitsplätzen im Freien mit leichter körperlicher Arbeit beschäftigt, so müssen die Arbeitsplätze in der Zeit vom 1. November bis 31. März zu beheizen sein, wenn die Außentemperatur weniger als +16 °C beträgt.

Viertes Kapitel
Baustellen

§ 43 Anwendung von Vorschriften auf Baustellen

Auf Baustellen sind die Vorschriften des ersten, siebenten und achten sowie dieses Kapitels anzuwenden.

§ 44 Arbeitsplätze und Verkehrswege auf Baustellen

(1) Arbeitsplätze und Verkehrswege auf Baustellen sind so herzurichten, daß sich die Arbeitnehmer bei jeder Witterung sicher bewegen können. Verkehrswege müssen sicher zu befahren sein, wenn eine Benutzung mit Fahrzeugen erforderlich ist. Die Arbeitsplätze und Verkehrswege müssen zu beleuchten sein, wenn das Tageslicht nicht ausreicht. Arbeitsplätze und Verkehrswege, bei denen Absturzgefahren bestehen oder die an Gefahrbereiche grenzen, müssen mit Einrichtungen versehen sein, die unter Berücksichtigung der besonderen Verhältnisse des Baubetriebes verhindern, daß Arbeitnehmer abstürzen oder in den Gefahrbereich gelangen. Entsprechende Einrichtungen sind bei Boden- und Wandöffnungen erforderlich, durch die Arbeitnehmer abstürzen können. Die Arbeitnehmer sind gegen herabfallende Gegenstände zu schützen. Für Baugerüste gelten die hierfür erlassenen besonderen Vorschriften.

(2) Auf Baustellen im Freien sind ortsgebundene Arbeitsplätze, an denen nicht nur vorübergehend Arbeitnehmer beschäftigt sind, sowie Bedienungsplätze auf Baumaschinen im Rahmen des betrieblich Möglichen so einzurichten und auszustatten, daß die Arbeitnehmer

1. gegen Witterungseinflüsse geschützt sind und

2. keinem unzuträglichen Lärm und keinen unzuträglichen mechanischen Schwingungen, Gasen, Dämpfen, Nebeln oder Stäuben ausgesetzt sind.

(3) Bei Baustellen in allseits umschlossenen Räumen muß dafür gesorgt sein, daß

1. die Arbeitsplätze zu belüften sind,

2. die Arbeitnehmer sich bei Gefahr schnell in Sicherheit bringen können,

3. etwa auftretende unzuträgliche Gase, Dämpfe, Nebel oder Stäube beseitigt werden, ohne daß die Arbeitnehmer gefährdet werden und

4. für die Arbeitsplätze je nach Brandgefährlichkeit der vorhandenen Betriebseinrichtungen und Arbeitsstoffe die zum Löschen möglicher Entstehungsbrände erforderlichen Feuerlöscheinrichtungen vorhanden sind.

§ 45 Tagesunterkünfte auf Baustellen

(1) Auf jeder Baustelle hat der Arbeitgeber für die Arbeitnehmer Tagesunterkünfte zur Verfügung zu stellen. Die Tagesunterkünfte dürfen sich nur an ungefährdeter Stelle befinden.

(2) Die lichte Höhe von Tagesunterkünften muß mindestens 2,30 m betragen. In den Tagesunterkünften muß für jeden regelmäßig auf der Baustelle anwesenden Arbeitnehmer nach Abzug der Fläche für die vorgeschriebenen Einrichtungen eine freie Bodenfläche von mindestens 0,75 m^2 vorhanden sein.

(3) Fußböden, Wände und Decken der Tagesunterkünfte müssen gegen Feuchtigkeit und Zugluft geschützt und wärmedämmend ausgeführt sein. Die Tagesunterkünfte müssen Fenster haben, die zu öffnen sind.

(4) In der Zeit vom 15. Oktober bis 30. April müssen

1. Tagesunterkünfte Heizeinrichtungen haben, die eine Raumtemperatur von +21 °C ermöglichen und so installiert sind, daß die

Arbeitnehmer gegen Vergiftungs-, Erstickungs-, Brand- und Explosionsgefahren geschützt sind, und

2. die unmittelbar ins Freie führenden Ausgänge von Tagesunterkünften als Windfang ausgebildet sein.

(5) Tagesunterkünfte müssen mit Tischen, die sich leicht reinigen lassen, Sitzgelegenheiten mit Rücklehne, Kleiderhaken oder Kleiderschränken und mit Abfallbehältern ausgestattet sein. Tagesunterkünfte müssen künstlich zu beleuchten sein. Trinkwasser oder ein anderes alkoholfreies Getränk muß den Arbeitnehmern zur Verfügung gestellt werden.

(6) Statt der Tagesunterkünfte können auch Baustellenwagen oder Räume in vorhandenen Gebäuden verwendet werden, wenn sie und ihre Einrichtungen den Anforderungen der Absätze 1 bis 5 entsprechen. Für Baustellenwagen, die als Tagesunterkünfte dienen, ist eine lichte Höhe von mindestens 2,30 m im Scheitel ausreichend; dies gilt auch für absetzbare Baustellenwagen mit abnehmbaren Rädern.

(7) Ist nach dem Umfang des Bauvorhabens zu erwarten, daß auf der Baustelle vom Arbeitgeber ständig nicht mehr als vier Arbeitnehmer längstens eine Woche beschäftigt werden, braucht eine Tagesunterkunft nicht vorhanden zu sein. Der Arbeitgeber muß dann dafür sorgen, daß die Arbeitnehmer, gegen Witterungseinflüsse geschützt, sich umkleiden, waschen, wärmen und ihre Mahlzeiten einnehmen können. Der Arbeitgeber muß jedem Arbeitnehmer außerdem einen abschließbaren Schrank mit Lüftungsöffnungen zur Aufbewahrung der Kleidung und Einrichtungen zum Trocknen der Arbeitskleidung zur Verfügung stellen.

§ 46 Weitere Einrichtungen auf Baustellen

(1) Auf jeder Baustelle, ausgenommen Baustellen nach § 45 Abs. 7, muß der Arbeitgeber zur Verfügung stellen:

1. Vorrichtungen zum Wärmen von Speisen und Getränken;

2. abschließbare Schränke mit Lüftungsöffnungen zur Aufbewahrung der Kleidung für jeden regelmäßig auf der Baustelle anwesenden Arbeitnehmer; vor jedem Schrank muß so viel freie Bodenfläche zur Verfügung stehen, daß sich die Arbeitnehmer unbehindert umkleiden können;

3. Waschgelegenheiten möglichst mit fließendem kaltem und warmem Wasser sowie den hygienisch erforderlichen Reinigungsmitteln, wobei eine Wasserzapfstelle für jeweils höchstens fünf Arbeitnehmer vorhanden sein muß;

4. Einrichtungen zum Trocknen der Arbeitskleidung.

Die Einrichtungen unter den Nummern 1 und 2 können in der Tagesunterkunft untergebracht werden. Anderenfalls müssen sie sich wie die Einrichtungen unter den Nummern 3 und 4 in besonderen abgeschlossenen, wetterfesten Räumen, möglichst in der Nähe der Tagesunterkunft, befinden. Räume für Einrichtungen unter den Nummern 1 bis 4 müssen in der Zeit vom 15. Oktober bis 30. April zu beheizen sein.

(2) Kehren die Arbeitnehmer einer Baustelle regelmäßig nach Beendigung der Arbeitszeit in Betriebsgebäude mit Umkleide- und Waschräume zurück, so brauchen die Einrichtungen nach Absatz 1 Nr. 2 und 4 nicht auf der Baustelle vorhanden zu sein; abweichend von Absatz 1 Nr. 3 ist eine Wasserzapfstelle mit fließendem Wasser nur für jeweils höchstens zehn Arbeitnehmer erforderlich.

§ 47 Waschräume bei zehn und mehr Arbeitnehmern auf Baustellen

(1) Werden auf einer Baustelle von einem Arbeitgeber zehn und mehr Arbeitnehmer länger als zwei Wochen beschäftigt, so muß der Arbeitgeber besondere Waschräume zur Verfügung stellen. Dies gilt nicht, wenn die Arbeitnehmer der Baustelle regelmäßig nach der

Beendigung der Arbeitszeit in Betriebsgebäude mit Waschräume zurückkehren.

(2) Die lichte Höhe der Waschräume muß 2,30 m betragen. Bei Verwendung von Waschwagen genügt eine lichte Höhe von 2,30 m Höhe im Scheitel.

(3) In den Waschräumen müssen für jeweils höchstens fünf Arbeitnehmer eine Waschstelle und für jeweils höchstens 20 Arbeitnehmer eine Dusche mit fließendem kaltem und warmem Wasser vorhanden sein. Vor jeder Waschgelegenheit muß so viel freie Bodenfläche zur Verfügung stehen, daß sich die Arbeitnehmer unbehindert waschen können. Die hygienisch erforderlichen Reinigungsmittel müssen in den Waschräumen vom Arbeitgeber bereitgestellt werden.

(4) Die Waschräume müssen sich, soweit betrieblich möglich, in der Nähe der Räume zum Umkleiden befinden, wobei die Verbindungswege gegen Witterungseinflüsse zu schützen sind.

(5) Waschräume müssen zu lüften, zu beleuchten und zu beheizen sein. Die Heizeinrichtungen müssen eine Raumtemperatur von mindestens + 21 °C ermöglichen. Wände, Decken und Fußböden müssen wärmedämmend ausgeführt sein. Wände und Fußböden müssen sich leicht reinigen lassen.

§ 48 Toiletteneinrichtungen auf Baustellen

(1) Auf jeder Baustelle oder in deren Nähe muß mindestens eine abschließbare Toilette zur Verfügung stehen.

(2) Werden von einem Arbeitgeber auf einer Baustelle mehr als 15 Arbeitnehmer länger als zwei Wochen beschäftigt, muß er Toilettenräume mit einer ausreichenden Zahl von Toiletten, Bedürfnisständen und Waschgelegenheiten zur Verfügung stellen. Die Toilettenräume müssen zu belüften, zu beleuchten und in der Zeit vom 15. Oktober bis 30. April zu beheizen sein.

§ 49 Sanitätsräume, Mittel und Einrichtungen zur Ersten Hilfe auf Baustellen

(1) Werden auf der Baustelle von einem Arbeitgeber mehr als 50 Arbeitnehmer beschäftigt, muß mindestens ein Sanitätsraum oder eine vergleichbare Einrichtung vorhanden sein. Sanitätsräume und vergleichbare Einrichtungen sowie ihre Zugänge müssen gekennzeichnet sein. Die Räume oder Einrichtungen müssen mit einer Krankentrage leicht erreicht werden können. Sie müssen mit den für die Erste Hilfe und die ärztliche Erstversorgung erforderlichen Einrichtungen und Mitteln ausgestattet sein; die Räume und die vergleichbaren Einrichtungen müssen dementsprechend bemessen sein.

(2) Auf der Baustelle müssen die zur Ersten Hilfe erforderlichen Mittel und bei Beschäftigung von mehr als 20 Arbeitnehmern Krankentragen vorhanden sein. Sie müssen leicht zugänglich und gegen Verunreinigung und Nässe geschützt sein. Die Aufbewahrungsstellen von Mitteln zur Ersten Hilfe und Krankentragen müssen als solche gekennzeichnet sein.

Fünftes Kapitel
Verkaufsstände im Freien, die im Zusammenhang mit Ladengeschäften stehen

§ 50 Anforderungen

(1) An Verkaufsständen im Freien, die im Zusammenhang mit Ladengeschäften stehen, dürfen in der Zeit vom 15. Oktober bis 30. April Arbeitnehmer nur dann beschäftigt werden, wenn die Außentemperatur am Verkaufsstand mehr als + 16 °C beträgt.

(2) Verkaufsstände im Freien sind so einzurichten, daß die Arbeitnehmer gegen Witterungseinflüsse geschützt sind.

(3) An Verkaufsständen im Freien muß für jeden Arbeitnehmer eine freie Bodenfläche von mindestens 1,50 m^2 vorhanden sein. Sitzgelegenheiten müssen zur Verfügung stehen.

(4) Verkaufsstände im Freien dürfen nur so aufgestellt werden, daß die Arbeitnehmer keinem unzuträglichen Lärm und keinen unzuträglichen mechanischen Schwingungen, Stäuben, Dämpfen, Nebeln oder Gasen, insbesondere Abgasen von Verbrennungsmotoren, ausgesetzt sind.

(5) Die Absätze 1 bis 4 gelten nicht für Warenauslagen, wenn sich die Arbeitnehmer im Ladengeschäft befinden und die Waren dort verkauft werden.

Sechstes Kapitel
Wasserfahrzeuge und
schwimmende Anlagen auf Binnengewässern

§ 51 Anforderungen

(1) Auf Wasserfahrzeuge und schwimmende Anlagen auf Binnengewässern sind die Vorschriften des ersten, siebenten und achten Kapitels sowie der nachfolgenden Absätze anzuwenden.

(2) Auf Wasserfahrzeugen und schwimmenden Anlagen müssen die Räume, die von Arbeitnehmern betreten werden, und die Arbeitsplätze sicher zugänglich sein. Räume, Arbeitsplätze und Verkehrswege müssen so beschaffen und bemessen sein, daß die Arbeitnehmer sich unbehindert und ungefährdet bewegen können. Räume müssen so beschaffen sein, daß sich die Arbeitnehmer bei Gefahr schnell in Sicherheit bringen und schnell gerettet werden können.

(3) In Räumen, die von den Arbeitnehmern betreten werden, muß jederzeit gesundheitlich zuträgliche Atemluft vorhanden sein. Diese

Räume müssen zu beleuchten sein. Eine Sichtverbindung nach außen ist bei Pausenräumen erforderlich, bei Arbeitsräumen soll sie vorhanden sein.

(4) Arbeits- und Pausenräume müssen so gelegen und beschaffen sein, daß die Arbeitnehmer gegen unzuträglichen Lärm und unzuträgliche mechanische Schwingungen geschützt sind. Soweit das Auftreten von Gasen, Dämpfen, Nebeln oder Stäuben in unzuträglicher Menge und Konzentration nicht verhindert werden kann, sind diese an ihrer Entstehungsstelle abzusaugen und zu beseitigen. Sind Störungen an Absaugeeinrichtungen nicht ohne weiteres erkennbar, so müssen die betroffenen Arbeitnehmer durch eine selbsttätig wirkende Warneinrichtung auf die Störung hingewiesen werden. Es müssen ferner Vorkehrungen getroffen sein, durch die die Arbeitnehmer im Falle einer Störung an Absaugeeinrichtungen gegen Gesundheitsgefahren geschützt sind.

(5) Auf Wasserfahrzeugen und schwimmenden Anlagen müssen ausreichende Pausenräume vorhanden sein, sofern nicht andere Möglichkeiten für eine gleichwertige Erholung während der Pausen gegeben sind.

(6) Auf Wasserfahrzeugen und schwimmenden Anlagen müssen die zur Ersten Hilfe erforderlichen Mittel vorhanden sein. Sie müssen leicht zugänglich und gegen Verunreinigung und Nässe geschützt sein.

(7) Auf Wasserfahrzeugen und schwimmenden Anlagen müssen entsprechend der Zahl der Besatzungsmitglieder und der sonst beschäftigten Arbeitnehmer ausreichende Umkleide-, Wasch- und Toiletteneinrichtungen vorhanden sein. Bei ortsfesten schwimmenden Anlagen, die eine unmittelbare Verbindung zum Land haben, dürfen sich die Sanitäreinrichtungen in der Nähe der Anlagen an Land befinden. Das gilt auch bei stilliegenden Schubleichtern, auf denen sich Arbeitnehmer aufhalten müssen.

Siebentes Kapitel
Betrieb der Arbeitsstätten

§ 52 Freihalten der Arbeitsplätze und Verkehrswege

(1) Verkehrswege müssen freigehalten werden, damit sie jederzeit benutzt werden können. Insbesondere dürfen Türen im Verlauf von Rettungswegen oder andere Rettungsöffnungen nicht verschlossen, versperrt oder in ihrer Erkennbarkeit beeinträchtigt werden, solange sich Arbeitnehmer in der Arbeitsstätte befinden.

(2) An Arbeitsplätzen dürfen Gegenstände oder Stoffe nur in solcher Menge aufbewahrt werden, daß die Arbeitnehmer nicht gefährdet werden. Gefährliche Arbeitsstoffe dürfen nur in solcher Menge am Arbeitsplatz vorhanden sein, wie es der Fortgang der Arbeit erfordert.

(3) In Pausen-, Bereitschafts-, Sanitär- und Sanitätsräumen, in Tagesunterkünften, sanitären Einrichtungen und Sanitätsräumen auf Baustellen sowie in Pausen- und Sanitärräumen auf Wasserfahrzeugen und schwimmenden Anlagen auf Binnengewässern dürfen keine Gegenstände und Stoffe aufbewahrt werden, die nicht zur zweckentsprechenden Einrichtung dieser Räume gehören.

§ 53 Instandhaltung, Prüfungen

(1) Der Arbeitgeber hat die Arbeitsstätte instand zu halten und dafür zu sorgen, daß festgestellte Mängel möglichst umgehend beseitigt werden. Können Mängel, mit denen eine dringende Gefahr verbunden ist, nicht sofort beseitigt werden, ist die Arbeit insoweit einzustellen.

(2) Sicherheitseinrichtungen zur Verhütung oder Beseitigung von Gefahren, z.B. Sicherheitsbeleuchtung, Feuerlöscheinrichtungen, Absaugeeinrichtungen, Signalanlagen, Notaggregate und Notschalter sowie lüftungstechnische Anlagen mit Luftreinigung, müssen

regelmäßig gewartet und auf ihre Funktionsfähigkeit geprüft werden. Die Prüfungen müssen bei Sicherheitseinrichtungen, ausgenommen bei Feuerlöschern, mindestens jährlich und bei Feuerlöschern und lüftungstechnischen Anlagen mindestens alle zwei Jahre durchgeführt werden.

(3) Mittel und Einrichtungen zur Ersten Hilfe müssen regelmäßig auf ihre Vollständigkeit und Verwendungsfähigkeit überprüft werden.

§ 54 Reinhaltung der Arbeitsstätte

Arbeitsstätten müssen den hygienischen Erfordernissen entsprechend gereinigt werden. Verunreinigungen und Ablagerungen, die zu Gefahren führen können, müssen unverzüglich beseitigt werden.

§ 55 Flucht- und Rettungsplan

Der Arbeitgeber hat für die Arbeitsstätte einen Flucht- und Rettungsplan aufzustellen, wenn Lage, Ausdehnung und Art der Nutzung der Arbeitsstätte dies erfordern. Der Flucht- und Rettungsplan ist an geeigneter Stelle in der Arbeitsstätte auszulegen oder auszuhängen. In angemessenen Zeitabständen ist entsprechend dem Plan zu üben, wie sich die Arbeitnehmer im Gefahr- oder Katastrophenfall in Sicherheit bringen oder gerettet werden können.

Achtes Kapitel
Schlußvorschriften

§ 56 Übergangsvorschriften

(1) Soweit beim Inkrafttreten dieser Verordnung eine Arbeitsstätte errichtet ist oder mit ihrer Errichtung begonnen worden ist und in

dieser Verordnung Anforderungen gestellt werden, die umfangreiche Änderungen der Arbeitsstätte, der Betriebseinrichtungen, Arbeitsverfahren oder Arbeitsabläufe notwendig machen, ist diese Verordnung vorbehaltlich des Absatzes 2 nicht anzuwenden.

(2) Die zuständige Behörde kann verlangen, daß in Arbeitsstätten nach Absatz 1 den Vorschriften dieser Verordnung entsprechende Änderungen vorgenommen werden, soweit

1. die Arbeitsstätten oder die Betriebseinrichtungen wesentlich erweitert oder umgebaut oder die Arbeitsverfahren oder Arbeitsabläufe wesentlich umgestaltet werden,

2. die Nutzung der Arbeitsstätte wesentlich geändert wird oder

3. nach der Art des Betriebes vermeidbare Gefahren für Leben oder Gesundheit der Arbeitnehmer zu befürchten sind.

(3) Für Arbeitsstätten, für die die Gewerbeordnung bisher keine Anwendung findet, ist der maßgebende Zeitpunkt im Sinne des Absatzes 1 der 20. Dezember 1996. Diese Arbeitsstätten müssen jedoch bis spätestens am 1. Januar 1999 mindestens den Anforderungen des Anhangs II der Richtlinie 89/654/EWG des Rates vom 30. November 1989 über Mindestvorschriften für Sicherheit und Gesundheitsschutz in Arbeitsstätten (ABl. EG Nr. L 393 S. 1) entsprechen. Absatz 2 ist entsprechend anzuwenden.

§ 57 Berlin-Klausel *(gegenstandslos)*

§ 58 Inkrafttreten

(1) Diese Verordnung tritt am 1. Mai 1976 in Kraft.

(2) *(Aufhebungsvorschiften)*